EL MENSÁJE
EN LA
BOTELLA

52 mensajes lanzados al océano de la vida para ayudarnos a vivirla mejor.

Valores – Familia – Actitud
Incluye ejercicios de aplicación y reflexión

Jesús Tárrega Guerrero

Número de Control de la Biblioteca del Congreso de EE. UU.:   2013912057
ISBN: Tapa Dura   978-1-4633-6117-4
             Tapa Blanda   978-1-4633-6133-4
             Libro Electrónico   978-1-4633-6132-7

Este libro fue impreso en los Estados Unidos de América.

Fecha de revisión: 11/07/2013

Para realizar pedidos de este libro, contacte con:
Palibrio LLC
1663 Liberty Drive
Suite 200
Bloomington, IN 47403
Gratis desde EE. UU. al 877.407.5847
Gratis desde México al 01.800.288.2243
Gratis desde España al 900.866.949
Desde otro país al +1.812.671.9757
Fax: 01.812.355.1576
ventas@palibrio.com
484506

Comentarios de personas que han leído los Mensajes en la Botella

"Nos enseña a ser mejores personas" *(Laura, 18 años)*.

"Me hizo reflexionar, entre muchas cosas, sobre el valor tan grande de la familia" *(Claudia, 37 años)*.

"Te he leído con especial agrado. Continúa con tu columna" *(Rigoberto, 72 años)*.

"Me ha hecho cambiar mis expectativas...antes todo me valía" *(Itzmel, 19 años)*.

"Provoca el deseo de ser mejores padres" *(Francisco, 42 años)*.

"Una inyección de salud en esta sociedad tan flagelada" *(Javier, 57 años)*.

"Sus palabras son como una bocanada de aire. Gracias por recordarnos a sus lectores el potencial que tenemos y que muchas veces no logramos alcanzar a ver" *(Norma, 22 años)*.

"Gracias por regalarnos estos mensajes que ayudan a que nuestros sentimientos tan olvidados se remuevan un poquito" *(Yazmín, 26 años)*

"Sus columnas realmente me inspiran y me ayudan bastante" *(Martín 17 años)*.

A mi familia.

La fuente de mi inspiración.

La fuerza de mis batallas.

Índice

Prólogo

Soy actualmente alumna del C.P. Jesús Tárrega y lectora asidua de sus mensajes en la botella.

De un tiempo para acá le he enviado correos comentando lo que me ha gustado o lo que he aprendido de ellos, aunque por motivos personales, decidí hacerlo de forma anónima.

Al no saber quién soy (creé una cuenta de correo en la que no aparece mi nombre) él me ha bautizado como "Puntos Suspensivos" y ahora me ha pedido que escriba el prólogo para éste, su primer libro. ¿Por qué? No lo sé, pero lo hago con agrado.

¿Quién de nosotros no se ha sentido desmotivado o desmoralizado alguna vez?

A lo largo de nuestro existir, en algunas ocasiones hemos sido presa fácil de pensamientos negativos y nocivos los cuales han hecho estragos en nuestro estado anímico, esto debido a que las cosas no han tenido el resultado que esperábamos.

A la mayoría de las personas nos da miedo lo nuevo, lo desconocido, tenemos temor a equivocarnos, es por ello que no queremos un cambio. Cometer un error es algo catastrófico por lo que no intentamos nada, preferimos mantenernos en el área segura de "lo conocido", permanecer en "nuestra burbuja", pensando que de esta manera estaremos a salvo. ¡Craso Error Amigos Lectores!

Al intentar algo nuevo, en ocasiones podremos pasar experiencias traumáticas muy profundas, sin embargo esto no quiere decir que no podamos cambiar nuestra forma de pensar y actuar, todo es posible pero debemos tener voluntad, ser pacientes, llenarnos de pensamientos positivos y sobre todo, ser constantes en una serie de actividades que con el paso del tiempo se vuelven un hábito, logrando así llevarnos a donde deseamos y de ésta manera, lograr la realización de nuestro objetivo. No será fácil pues requiere de todo un proceso, esfuerzo consciente y cierto tiempo.

Es por ello que quiero recomendarles éste valioso libro del C.P. Jesús Tárrega Guerrero. ¡He tenido el gusto de leer una buena cantidad de sus escritos y me han parecido estupendos! Por lo que estoy segura que quedarán fascinados, al igual que yo, al sumergirse en dichos textos llenos de motivación, valores, esperanza, fe, amor, y palabras de aliento que son fortificantes, reconfortantes y esenciales para el alma.

En estos mensajes nos relata algunos pasajes de su vida, sus experiencias, algunos de sus sueños y proyectos; algunos han sido fallidos, sin embargo se ha levantado y ha iniciado otros en los que ha tenido éxito.

Nos invita a poner atención a los detalles de nuestro diario vivir, que por muy pequeños que éstos sean, si los vemos detenidamente descubriremos las maravillas que encierran y la felicidad que traen consigo.

En otras historias nos cuenta sus peripecias chuscas y luego le anexa el mensaje de reflexión. Como que primero nos da "la sobadita" y luego la inyección. Aunque muchos de nosotros somos cabezas duras y necesitemos sólo la inyección, así... ¡sin sobaditas, ni anestesias, ni nada!

Algunos de sus mensajes me llegaron directamente al alma y me hicieron derramar alguna lágrima, aunque cuando mi madre me preguntó qué me pasaba le dije que algo se me había metido en el ojo. Sí, ese algo que se me metió fue un montón de lágrimas de ternura que le dieron un vuelco a mi corazón.

Este libro es realmente bueno tanto para jóvenes como para personas mayores. Tengo la certeza de que los mensajes lograrán persuadirlos y podrán atreverse a realizar cosas para hacer mejoras en su vida.

Pero lo que me ha parecido aún más interesante en este manual (porque se le puede llamar así) es que éste trae ejercicios de aplicación que nos llevan de la mano a ejecutar actividades y prácticas que serán de vital importancia para la realización de nuestros sueños y nuestros anhelos.

Les aseguro que disfrutarán y sacarán provecho de estos "mensajes en la botella" en su diario vivir, ya sea en el ámbito personal, estudiantil, laboral, y familiar.

Cada uno de estos 52 mensajes que hoy "el océano de la vida" ha traído hasta ustedes, es realmente alimento para el alma. Saludos y que lo disfruten...

Su amiga anónima,

"Puntos Suspensivos..."

Introducción

En alguna ocasión leí que el propósito de las personas en este mundo es encontrar lo que cada una tiene para ser y ofrecerlo.

En mi caso, soy una persona que me gusta escribir y elevar el espíritu de las personas que me rodean, y que vivo mi vida con la filosofía de tratar de dejar este mundo en mejores condiciones que como lo encontré.

Una de las maneras que encontré para ofrecer esto que soy fue publicar una columna que, bajo el mismo nombre de este libro, se ha estado publicando en un periódico de mi ciudad natal, Reynosa, Tamaulipas.

En esa columna comparto lo que pienso y lo que siento, buscando tres objetivos principalmente: Promover valores que nos hagan mejores personas, fortalecer la unidad familiar y fomentar actitudes positivas en la vida y en el trabajo, aspectos que me parecen muy necesarios en los tiempos que nos toca vivir.

Los comentarios incluidos al principio de este libro son de personas que han leído los mensajes en el periódico y han enviado alguna opinión por escrito. Como puede verse, corresponden tanto a hombres como mujeres, y varían en un rango de 17 a 72 años, es decir, que las columnas pueden gustar y ayudar a cualquier persona.

Se presenta aquí una compilación de las primeras 52 columnas, agregando en cada una algunas palabras para explicar el porqué del tema ahí planteado, aspecto que en el periódico muchas veces no se puede mencionar por la limitación de espacio, y algunos ejercicios al final de cada tema para aplicar y/o reflexionar sobre el mismo, de modo que el lector pueda obtener un beneficio personal al aplicar en su vida los principios que se comparten.

Este es un libro para leerse despacio y disfrutarse, analizarse, asimilarse. Mi sugerencia sería que, siendo 52 mensajes, número de semanas que tiene un año, el lector se tome al menos una semana con cada uno para leerlo, releerlo, interiorizarlo, realizar los ejercicios de aplicación y reflexión que se sugieren y encontrar la manera de darle una aplicación en su vida de acuerdo a sus necesidades y circunstancias, que para cada quien, son únicas.

Los jóvenes encontrarán aquí temas que les pueden ayudar en el proceso en que se encuentran en esta etapa de su vida de dar forma a lo que quieren que ocurra con ella. Los adultos encontrarán temas de ayuda para seguir adelante enfrentando sus retos y desafíos propios que la vida les ha presentado. Los maestros encontrarán temas que les pueden ayudar a provocar análisis y discusiones en sus grupos de clase. Los padres encontrarán temas para comentar en familia y fortalecer los lazos que los unen.

En los casi 30 años que llevo trabajando con jóvenes como catedrático en distintas universidades, en donde he tratado no solo de compartir los temas académicos que demanda el plan de estudios, sino también de difundir los principios contenidos en estos mensajes, he podido constatar que aquellos jóvenes que aplican principios y valores como el seguir un proyecto de vida, el aplicar la excelencia en lo que hacen y otros que aquí se tratan, llegan a ser exitosos en cualquier medio en que se desenvuelvan y alcanzan los objetivos que se proponen.

Igual ocurre en el ámbito familiar, en donde tengo el mismo tiempo de haber formado una familia con mi esposa y el aplicar principios como desarrollar una visión de lo que quería lograr con ella, trabajar en reforzar los lazos que nos unen y otros también aquí tratados, nos han ayudado a sortear las crisis que invariablemente se presentan en todo matrimonio y los muchos ataques que la institución de la familia recibe en este tiempo.

Finalmente, las experiencias que me ha tocado vivir como capacitador en áreas de desarrollo humano en empresas, escuelas y otras instituciones, me permiten saber que la actitud de las personas hacia la vida y hacia el trabajo es factor fundamental para alcanzar el éxito.

Valores. Familia. Actitud. De eso trata este libro.

Nadie está obligado a aplicar los principios que aquí se comparten, así que lo único que puedo hacer es compartir mi convicción de que funcionan. Te invito a ponerlos a prueba, porque lo que está en juego no es cosa menor. Se trata de tu persona y de tu familia, y de la calidad de vida que deseas para todos ustedes.

Lanzado está entonces el mensaje en la botella. Espero que lo encuentres, que te sirva...y que lo disfrutes.

C.P. Jesús Tárrega Guerrero

1

Imagina que eres un arquero experto y que a 100 metros o más de distancia das con la flecha en el centro del blanco. Ahora imagina que alguien te coloca una venda en los ojos y te lleva a un campo de práctica, te coloca ahí con los ojos aún vendados y te pide que aciertes en el blanco. Difícil, ¿verdad? Nadie puede dar en un blanco que no se puede ver.

Hablar de un proyecto de vida es definir el blanco al que quieres acertar. Es crear en tu mente el tipo de futuro que quieres alcanzar, la clase de vida por la que te gustaría luchar para, algún día, verla convertida en realidad.

Un proyecto de vida se convierte también en un faro en la tormenta. Cuando las cosas en tu vida se pongan difíciles (y júralo que te van a tocar esas épocas), el tener claro en tu mente el destino que quieres alcanzar, te ayudará a no perder el rumbo y a seguir adelante; de otra manera, estarás a merced de las olas y los vientos. Tu vida irá hacia donde las circunstancias la lleven, lo cual puede quedar muy lejos del destino que tú tenías en mente.

En mi proyecto de vida que escribí cuando tenía 23 años de edad, hablo de lo que quería que fuera mi vida familiar, mi vida laboral y aún cómo quería verme cuando me tocara dejar este mundo. El tener esto claro me ha ayudado a tomar las decisiones más importantes en mi vida. Ha sido una herramienta muy valiosa para mí, y sé que lo será también para ti si te das el tiempo de definir ese destino al que quieres llevar la nave cuyo timón simbólicamente fue puesto en tus manos al momento de nacer.

En este primer mensaje se explica también el porqué del nombre de mis columnas y de este libro.

UN PROYECTO DE VIDA

Martes 23 de octubre de 1984. Cd. Victoria, Tamaulipas, 10 de la noche. Llevo ya varias semanas estudiando para mi examen profesional, el cual presentaré dentro de 3 días. En la radio, escucho una canción de Christopher Cross. De pronto, siento el deseo de escribir algo. Hago a un lado los libros, arranco una hoja de mi cuaderno y empiezo a escribir lo que sentía mi corazón en ese momento. El resultado: Mi proyecto de vida. Palabras que a lo largo de muchos años han inspirado mis decisiones más importantes. A continuación comparto algunos fragmentos.

"Quiero inmortalizar este momento, porque sé que algún día voy a recordarlo con nostalgia y no quisiera que con el paso del tiempo se fuera desvaneciendo entre las sombras de la nada.

Somos un simple sueño y estamos aquí de paso, pero es nuestra misión hacer de este suspiro que es la vida, un hermoso momento, llenándolo de cosas positivas que nos permitan dejar este mundo en condiciones mejores que como lo encontramos.

La vida me ha dado muchas cosas buenas y soy inmensamente feliz, y el orden en que las recuerdo no es su orden de importancia, ya que todas ellas son una parte importante de esta madeja a que estoy tratando de dar forma y que es mi vida. Tengo una familia pequeña pero hermosísima; una madre abnegada que me ha enseñado el valor de amar sin intereses mezquinos y a ser fuerte en las tribulaciones, aunque quizá eso aún no lo he aprendido muy bien. Una hermana que me ha dado un cariño fraternal como pocas y que, ante el temor de lo desconocido, me ha enseñado que una sonrisa, una vida sencilla y una alegría interior son la mejor forma de decir 'HOLA' a algo que no sabemos cómo ha de ser. Tuve un padre que al morir, me dejó la mejor y más maravillosa de las herencias: Su sentir, su pensamiento, sus ideales por mejorar la vida de cuantos nos rodean; la convicción de que un acto honesto, callado, y en bien de quien sea, un mendigo o un millonario, vale más que una vida llena de riquezas mal habidas. Mi madre algunas veces se ha preguntado porqué, a lo largo de los puestos políticos que ocupó, nunca buscó ni dejó nada para sí, pero no, mamá, mi padre dejó mucho más de lo que parecía: el recuerdo cariñoso en las mentes de quienes lo conocieron, y el orgullo para nosotros, su familia, de poder levantar la frente sin tener nada de qué avergonzarnos. Me enseñó también el valor de las lágrimas. Lágrimas que ahora derramo al recordarlo. Te prometo, papá, que tu obra no será en vano; me esforzaré por continuarla y por no hacer nada que manche tu memoria.

Estoy a punto de formar una familia con una mujer con quien apenas empiezo, pero con quien espero recorrer de la mano una larga vida llena de amor y de ayuda mutua, porque sé que ella valora como yo, la fortuna de tener en quien confiar y en quien apoyarnos cuando la vida nos tiende una zancadilla. Sé que será una madre hermosísima y eso me hace quererla aún más, porque para mí, los hijos que espero tener, constituyen uno de mis mayores ideales.

Estoy a tres días de titularme, sumido en este momento bajo una pila de libros. Con la ayuda de Dios, sé que todo saldrá bien. Será el mejor regalo que pueda hacer a las gentes que amo; pero un regalo que apenas empezará, y que después he de luchar por complementarlo con una vida llena de logros y realizaciones.

Tengo la esperanza de llegar, algún día, no sé cuándo ni si será pronto o no, a hacer algo que deje huella en esta vida, no en el plano material, sino en el espiritual, y en verdad digo que todas estas cosas maravillosas que ahora tengo, son la mejor plataforma de impulso que Dios y la vida me pueden haber dado.

Sin embargo, el hombre es materia, y como el viento y con el viento, desaparece. Estoy en mi cuarto, el cuarto que he ocupado durante los últimos cinco años, los más significativos en mi vida, y quiero imaginar que desde aquí, como si fuera un náufrago, lanzo al mar en una botella este mensaje para que algún día sea encontrado, no sé por quién, y decirle: 'Hijo, amigo, o quien quiera que seas: Se puede ser feliz en esta vida; es cuestión de saber encontrar las cosas que realmente valen, los valores que en momentos parecen perdidos, pero que no lo están, y están a nuestro alcance, adoptarlos como propios y convertirlos en los motores y guías de nuestras vidas. Hijo, amigo, o quien quiera que seas, la vida tiene en cada detalle suyo un motivo para ser feliz; lucha por encontrarlo y cuando lo hayas hecho, no lo dejes escapar, vívelo y compártelo con quienes te rodean, porque ese es el sencillo y supremo secreto para ser feliz.'

Quiero que esto sea una prueba palpable de mi paso por este mundo, y algún día poder decir: Fui...Existí...Y cuando partí, volví la vista atrás y vi un camino sembrado de cosas buenas; vi a mis hijos orgullosos de su padre y a mucha gente recordándome con cariño. Esa fue mi aportación al bienestar de este mundo, y mi manera de dejarlo en mejores condiciones que como lo encontré."

A partir de ahora y por este medio, continuaré lanzando mensajes en una botella al océano de la vida, esperando puedan ser encontrados por mucha gente y compartir con ellos una palabra de aliento y mi visión de la vida. Una visión en la que todos podemos hacer algo por mejorar nuestro entorno y en la que todos estamos aquí por una razón. Encontrar esa razón es parte del proyecto de vida de cada quien.

Espero disfrutemos juntos estos momentos de encuentro.

Ejercicios de aplicación y reflexión

1. Compra un diario.
2. Anota en tu diario todas aquellas cosas por las que estás agradecido con Dios o con la vida. El reconocer estas cosas te ayudará a darte cuenta de bendiciones que quizá no habías notado.
3. Anota los dones y talentos que consideras que tienes. Si se te dificulta encontrarlos, pide ayuda a quienes te conocen y te aprecian. No se vale decir "yo llegué tarde

a la repartición de talentos". Todos tenemos uno o varios talentos que nos hacen únicos.

4. Anota qué te gustaría que ocurriera o cómo te gustaría verte en el futuro, en cada una de las dimensiones de tu vida: Familiar, social, laboral o profesional y espiritual.

5. Todos estamos aquí por un porqué, con un propósito. Analiza y anota cuál crees que sea el motivo por el que tú estás en este mundo y qué puedes hacer para dejarlo en mejores condiciones que como lo encontraste.

6. Plasma todas las ideas anteriores en un proyecto de vida. Este proyecto de vida puede tener muchas formas: puede ser un escrito de muchas palabras, como yo lo hice, puede ser una frase, una imagen, una canción, un collage de fotografías, etc.

7. Una vez que lo hayas terminado, revisa tu proyecto de vida. Si te inspira, si te hace sentir un calorcito en tu corazón, lo hiciste bien. Si no, vuelve a empezar.

2

Steve Jobs, fundador de Apple Corporation, decía que era posible unir hacia atrás (el pasado) los puntos clave de nuestra vida que nos habían llevado a ser lo que somos, pero que hacia adelante (el futuro) no era posible hacer eso, solo podíamos fijar una visión y confiar en que, si poníamos todo de nuestra parte, la vida nos llevaría al mejor lugar.

En este mensaje hago esa unión entre lo que alguna vez fue una visión en mi vida y mi vida actual. Ciertamente me falta mucho por hacer y por lograr, pero el poder de esa visión ha sido fundamental para avanzar hacia lo que alguna vez fue mi futuro.

Esa imagen que presento en este mensaje, en la que me veo a mí mismo siendo un joven, y el hombre que ahora soy le brinda unas palabras de aliento a ese joven, es uno de los mensajes principales que trato de dar a quienes ahora son jóvenes y están en las circunstancias en las que alguna vez yo estuve: con ilusión por el futuro, pero a la vez temor por lo que la vida me depararía. Y el mensaje es: No tengas miedo, ten confianza, lucha por tus sueños.

Y para el lector adulto, el mensaje es: Recupera tus sueños si es que los has perdido u olvidado, porque eso te ayudará a estar en paz contigo mismo y a reconciliarte con tu pasado.

1984 – 2012: RETROSPECTIVA.

1984: Tenía 23 años.

2012: Tengo...solo unos cuantos más (prohibido ponerse a sacar cuentas).

1984: En mi proyecto de vida, daba gracias por las enseñanzas de mi madre, el cariño de mi hermana y el legado de mi padre.

2012: Mi madre ha ido a reunirse con mi padre, pero las enseñanzas de ambos perduran en mi corazón y han sido como un faro en la tormenta, cuando las cosas se han puesto difíciles. Y mi hermana sigue a mi lado. Todavía con su hermosa sonrisa.

1984: En mi proyecto de vida, escribía: "Estoy a punto de formar una familia con una mujer con quien apenas empiezo, pero con quien espero recorrer de la mano una larga vida llena de amor y de ayuda mutua, porque sé que ella valora como yo, la fortuna de tener en quien confiar y en quien apoyarnos cuando la vida nos tiende una zancadilla."

2012: Esa joven, Rosalba (que ciertamente es bella como una rosa en el alba) es hoy mi esposa de más de 27 años de matrimonio. En todo este tiempo, la vida nos ha tendido no una, sino muchas zancadillas, pero siempre hemos estado ahí para levantarnos el uno al otro. A veces a mí me ha tocado levantarla a ella, a veces a ella levantarme a mí. Pero siempre, después de volver a estar ambos de pie, nos hemos tomado de la mano y hemos seguido adelante.

1984: En mi proyecto de vida, decía: "Para mí, los hijos que espero tener, constituyen uno de mis mayores ideales."

2012: La vida (léase Dios) me bendijo con 4 hijos: Diana Alicia, hoy de 25 años, Jesús, de 20, Zaida Gisela, de 16 y Manuel Alejandro, de 13. En muchos sentidos ellos han sido mis grandes maestros, y en todos los sentidos, mi inspiración. Mi motivo para seguir luchando.

1984: En mi proyecto de vida, registraba: "Tengo la esperanza de llegar, algún día, no sé cuándo ni si será pronto o no, a hacer algo que deje huella en esta vida".

2012: De muchas maneras, he tratado de cumplir este cometido. Esta columna es el esfuerzo más reciente, mas no el último. Desde aquí estaré enviando puntualmente, cada semana, palabras que traten de llevar aliento y optimismo a quienes reciban este mensaje en la botella lanzado al océano de la vida.

1984: Era un estudiante en Cd. Victoria, Tamaulipas, lleno de sueños, pero también de dudas y temores por el futuro que me esperaba.

2012: Soy un hombre de mediana edad que, a veces, al recorrer ocasionalmente la calle 17 de esa ciudad, me parece ver a ese joven que yo fui, caminando rumbo a su escuela, llevando en la espalda su morral cargado de libros; llevando en el pecho su corazón cargado de ilusiones y le digo a ese joven: "Ánimo, muchacho, todo va a estar bien. Sé paciente y persevera, y sobre todo, lucha por tus sueños. Nunca, nunca dejes de luchar por tus sueños".

1984: Una época maravillosa, que no exenta de desafíos.

2012: Una época maravillosa, que no exenta de desafíos, y tal vez precisamente a causa de ellos.

A ti, querido amigo que hoy recibes este mensaje, te deseo también una vida maravillosa, y para que esto ocurra, también te digo: Lucha por tus sueños.

Lucha por tus sueños con valor para que algún día puedas voltear y, en retrospectiva, puedas sonreírle al joven que fuiste, sabiendo que has luchado con uñas y dientes por lograr lo que él más anhelaba.

Que Dios te bendiga en tu lucha y te dé las fuerzas que indudablemente habrás de necesitar.

Ejercicios de aplicación y reflexión:

1. Elabora un línea de tiempo personal, de la siguiente manera:
   a. Elige un punto de partida, que no necesariamente sería el día de tu nacimiento, puede ser a partir de algún evento relevante en tu vida.
   b. Divide tu línea de tiempo en segmentos, identificando los eventos que han marcado tu vida. Puedes incluir experiencias positivas y negativas, así como decisiones importantes, encuentro con gente especial, etc.
   c. Toma tiempo para terminar tu línea, no esperes terminarla de una sola vez. Agrega información a medida que la vayas recordando hasta que sientas que ya muestra la esencia de tu vida.
2. En base a tu línea de tiempo, haz una reflexión personal y anota en tu diario, por ejemplo, cómo un determinado suceso te hizo sentir o reflexiones sobre alguna determinada decisión.
3. Con base en todo lo anterior, elabora un ensayo respondiendo a la pregunta: ¿Quién soy?
4. Consulta tu línea de tiempo para planear metas futuras y lo que puedes hacer para lograrlas.
5. Imagina que estás frente al niño o el joven que fuiste. Escribe lo que te gustaría decirle.
6. Escríbele a ese niño o a ese joven a qué te comprometes en su nombre.

Hay quien dice que los amigos son la forma que Dios tiene para pedirte disculpas por tus familiares.

En lo personal, pienso que no tiene porqué ser así. En la convivencia con mi familia directa mas no inmediata, abuelos, tíos, primos, sobrinos, etc. he encontrado algunas de las experiencias más gratificantes y enriquecedoras de mi vida.

En este mensaje hablo de lo mucho que me han dejado las reuniones familiares anuales que por más de diez años hemos venido organizando con mi familia materna. Ha sido hermoso ver cómo, después de años de no tener contacto con algunos de ellos, nuestra primera reunión congregó a familiares que vinieron de varias partes de la república y algunos de Estados Unidos. A partir de entonces, hemos mantenido un contacto permanente.

Para disfrutar de tu legado familiar, no necesitas organizar algo tan grande como una macro reunión, basta con que te des el tiempo de contactar a algunos de tus familiares, platicar con ellos y escuchar sus historias de vida. Te aseguro que en muchos casos, te sorprenderás gratamente de lo que aprenderás.

Ahora que si "ya picados y en la barra" te avientas a organizar una reunión, pues felicidades, adelante. Cuenta con mi bendición. Y si algún consejo y sugerencias necesitas, pues también.

TU LEGADO FAMILIAR

Este fin de semana pasado estuve en Cd. Victoria disfrutando de la onceava reunión consecutiva de la familia Guerrero, mi familia por el lado de mi madre.

Poco antes de la primera reunión, que se realizó en marzo del 2002, mi primo hermano (más hermano que primo) Jorge Alberto Sánchez Guerrero tuvo la feliz ocurrencia, durante un evento familiar, de proponer esta reunión y todos los presentes le tomaron la palabra y por dedazo lo nombraron organizador. Él me pidió mi ayuda y como "el Borras", nos aventamos y aceptamos sin saber en la que nos estábamos metiendo.

Recuerdo que en la primera ocasión que nos reunimos para empezar a organizar la dichosa reunión, antes de entrar en detalles, le puse una mano en el hombro a Jorge y le dije: "¿Estás seguro de que te quieres meter en este mitote?" Él se quedó pensando unos segundos y me dijo: "Si tú me ayudas, sí". "Bueno – le dije – pues en nombre sea de Dios, ahí vamos".

El tiempo ha demostrado que todos los esfuerzos y sacrificios que hubo que hacer, han valido la pena.

Estas reuniones, que posterior a la primera han sido organizadas por diferentes primos y tíos, han resultado un excelente medio para descubrir un tesoro de valores familiares y transmitirlos a las nuevas generaciones de nuestras familias.

En estas reuniones se ha conocido y reconocido a través de sencillos homenajes, los ejemplos de vida y las enseñanzas que, tanto mis abuelos como sus doce hijos que llegaron a la edad adulta, nos han dejado: La tenacidad del abuelo que, de oficio panadero, se trasladó varias veces de ciudad en ciudad con esposa e hijos, siempre buscando el sustento para su numerosa familia y el proveer de estudios a sus hijos. La paciencia de la abuela (vaya que debe haberla necesitado) para criar a sus hijos y el gran amor que la impulsó a sembrar en todos ellos principios valiosos para hacerlos hombres y mujeres de bien. El amor de la tía que, al no haber tenido hijos propios, ha volcado ese enorme amor en sus sobrinos. La fuerza de espíritu y la fe del tío que ha tenido que devolver al Señor dos hijos, ambos en circunstancias trágicas, y lejos de amargarse, continúa por la vida con una actitud de agradecimiento y una sonrisa en la boca. El entusiasmo y excelencia del tío que aún en el extranjero ha puesto en alto el nombre de su familia y de su país. El altruismo y entrega de la tía que, a sus 81 años cumplidos, ofrece trabajo voluntario para ayudar a mujeres que tienen que traer al mundo a sus hijos en condiciones difíciles. Y en general, la alegría de vivir de la que todos ellos dieron o dan ejemplo con sus hechos.

En esta última reunión se compartió una plegaria que refleja en gran manera lo que nuestros padres y abuelos nos han legado: "Soñamos un mundo de justicia y esperanza, cada uno dando la mano a su vecino, símbolo de paz y fraternidad. Esperamos que cada alma encuentre otra alma para amar".

En otras ocasiones compartiré más acerca de lo mucho que estas reuniones familiares nos han dejado. Por ahora, lo que les digo a mis queridos amigos que encuentren este mensaje en la botella es: Hijos, vuelvan su corazón y sus ojos hacia sus padres. Padres, vuelvan su corazón y sus ojos hacia sus hijos. Al entrelazarse con amor las cadenas generacionales se crean poderosos vínculos que nos proveen de una fuerza que hoy resulta muy necesaria. A medida que descubras o recuerdes tu pasado generacional, descubrirás valores que le darán mucho sentido a lo que haces y mucha inspiración para lo que todavía te falta por hacer. Esa fuerza, ese amor, esa inspiración es, en resumen, tu legado familiar.

Ejercicios de aplicación o reflexión

1. Piensa en algún familiar con el que hace mucho no has tenido contacto.
2. Aprovechando los muchos medios de comunicación actuales, entabla contacto con ese familiar y exprésale un aprecio sincero (no se valen hipocresías, eh?).
3. Si te es posible, busca personalmente a alguien de los de mayor edad en tu familia, algún abuelo, algún tío, etc., y pídele que te platique de su vida. Escúchalo con atención e interés.
4. Anota en tu diario lo que hayas aprendido de esa plática. ¿Qué valores ha tenido que aplicar ese familiar en su

vida para enfrentar sus adversidades? ¿Qué experiencias difíciles ha vivido y cómo las ha sorteado? ¿Qué rasgos de su personalidad te llamaron más la atención? Y todo lo demás que se te ocurra.

5. Sorprende a algún familiar enviándole una carta a la vieja usanza, por correo tradicional (sí, las oficinas de correo todavía existen).

6. No le saques, aviéntate a organizar una reunión familiar. Asesorías gratuitas al correo jesus_tarrega@yahoo.com.mx.

4

"Es con cada decisión que tomamos, que vamos forjando nuestro destino".

Así termina diciendo este mensaje, y nada más cerca de la verdad. Nuestra vida actual es el resultado de nuestras decisiones pasadas. Nuestra vida futura, será el resultado de las decisiones que hagamos hoy.

A veces no estamos conscientes del impacto de nuestras decisiones, pero si lo analizamos detenidamente, nos daremos cuenta de la relación directa que hay entre decisiones pasadas y vida actual.

Tenía un jefe en Monterrey que decía: "Cada uno somos responsables de lo que nos ocurre". Al principio me costó trabajo aceptar que así fuera, pero también con el tiempo me di cuenta de que era cierto.

Este mensaje lo dirigí especialmente a los jóvenes, que muchas veces desafortunadamente toman "decisiones topo", concepto que aquí mismo explico.

El tomar buenas decisiones es cuestión de práctica y de desarrollar la habilidad de realizar un proceso de análisis de todas las variables que intervienen en una decisión.

A ese proceso es al que invito en este mensaje.

HE-MAN Y LAS DECISIONES

Comentando hace poco con una alumna acerca de las consecuencias de algunas decisiones que tomó en el pasado, ella me decía: "La gente común como yo solemos equivocarnos al hacer una elección". Yo le respondí: "La gente común como tú y como yo podemos hacer cosas extraordinarias cuando aprendemos de nuestros errores y no permitimos que esos errores nos hagan sentir unos fracasados. El fracaso es un evento, nunca una persona".

Lo cierto es que nadie tenemos una varita mágica que nos asegure que siempre tomaremos las decisiones correctas, pero hay un concepto que en lo personal me ha ayudado para reducir el riesgo de tomar una decisión equivocada. Yo le llamo "las decisiones topo y las decisiones águila". Verán:

Los topos, como todos sabemos, son animalitos muy cortos de vista. Difícilmente pueden ver más allá de medio metro de distancia. Las águilas, por el contrario, tienen buena vista, y tienen, además la capacidad de remontar el vuelo y, desde arriba, tienen una visión de muy largo alcance.

Tomar una decisión topo significa tomarla considerando solo los efectos a muy corto plazo. Lo que esa decisión me hace sentir en el momento, la emoción que me provoca, el placer que me genera. Tomar una decisión águila, por el contrario, significa elevar mi visión y tratar de vislumbrar las consecuencias a largo plazo que obtendré si tomo esa decisión. Como decía, eso nos permite elevar la calidad de nuestras decisiones y reducir el riesgo de consecuencias no deseadas. Si a alguien le sirve el consejo, con gusto se lo obsequio.

Cambiando un poco el punto, pero continuando con el mismo tema, recuerdo que cuando mi hijo Chuy era pequeño, estaba de moda la caricatura de He-man y los Amos del Universo. El momento cumbre de cada capítulo era cuando este monigote levantaba su espada como para que le entraran las fuerzas cósmicas y luego, con una voz y en un estado de éxtasis que parecía político en campaña, decía con fuerza: "YA TENGO EL PODER!!".

Bueno, mi querido amigo, pues al igual que He-man, tú también tienes el poder. Tienes el poder de influir en la calidad de tu vida futura en todos los aspectos. Tienes el poder de determinar hasta dónde llegará tu desarrollo mental e intelectual. Tienes el poder de plantearte metas y alcanzar un determinado nivel económico. Tienes el poder de valorarte como persona y lograr que los demás te valoren por lo que eres y no por lo que tienes o lo que haces o por cómo luces. Tienes el poder de desarrollar relaciones afectivas sanas, que te hagan crecer emocional y espiritualmente, y no que te degraden. Tienes el poder de alcanzar tu plena realización como ser humano y de vivir una vida trascendente, una vida con significado, una vida que deje huella. Todo ello, en base al poder que se te ha dado para tomar tus propias decisiones.

Lo único que te digo a ti, que hoy has encontrado este mensaje en la botella, es: Sé sabio al utilizar ese poder. No tomes decisiones topo. Toma decisiones águila. Los momentos de decisión duran poco, pero el impacto de tus decisiones dura mucho. Es decir: Decir sí o decir no solo toma una fracción de segundo. Pero las consecuencias de decir sí o de decir no pueden afectarte por el resto de tu vida.

Así que, repito, sé sabio al utilizar ese poder, pues es con cada decisión que tomamos, que vamos forjando nuestro destino.

Ejercicios de aplicación y reflexión

1. Identifica algunas "decisiones topo" que hayas tomado en tu vida.
2. Piensa qué hubieras hecho diferente si hubieras tomado una "decisión águila".

3. Ahora aguántate, porque el "hubiera" no existe y el pasado ya no lo puedes cambiar. Si de algo te sirve, cómete un chocolate para disipar la pena.

4. Ahora sí la parte importante: identifica algunas decisiones importantes que tendrás que tomar en el futuro.

5. Anota en tu diario todas las repercusiones que puede tener esa decisión en tu vida. Si es necesario, toma varios días para hacer este análisis.

6. Utiliza tu imaginación para "ver" cómo cambiará tu vida después de tomar la decisión.

7. Eleva tu visión y trata de tomar la mejor decisión. Una decisión águila.

8. Repite este ejercicio para cada decisión trascendente que enfrentes de ahora en adelante.

5

En este mensaje abundo sobre el tema anterior acerca de las decisiones, solo que aquí utilizo otra analogía para ilustrar el impacto de las decisiones: la analogía de las varas.

Juan y Miguel, en este mensaje, son personajes ficticios, pero cualquier parecido con alguien en la vida real, NO es mera coincidencia. El mundo real está lleno de ejemplos similares.

Gran parte de nuestros problemas derivan de no ponernos atentos a las consecuencias de nuestras decisiones, de ahí el título de esta columna.

PONTE ATENTO

Continuando con el tema que abordaba la ocasión anterior acerca de las decisiones, hay otro concepto que utilizo a veces para ilustrar el impacto de las mismas.

Imaginemos que hay un par de varas de madera tiradas en el suelo y yo tengo la opción de levantar una de ellas. Nadie a mí me puede obligar y decir: "Tienes que levantar esta vara". Si a mí se me pega la gana, tranquilamente voy y levanto la otra vara. Yo soy libre de levantar la vara que yo quiera. De lo que no soy libre, es que, una vez que he decidido levantar un extremo de la vara, junto con ese extremo me estoy trayendo el otro extremo. ¿Qué quiero decir con esto? Pues simplemente que yo soy libre de tomar las decisiones que yo quiera, de lo que no soy libre es de las consecuencias que vienen ligadas a esas decisiones.

Juan y Miguel nacieron con muy poca diferencia de días en una colonia cualquiera de esta ciudad. Sus familias eran vecinas, así que toda su infancia transcurrió de manera muy parecida. Jugaban juntos, crecieron juntos, fueron al mismo jardín de niños, a la misma escuela primaria. Sin embargo, cuando estaban en secundaria empezó a notarse una diferencia entre ellos. Juan, por su parte, decidió que él quería llegar a ser un gran ingeniero. Le echó ganas al estudio, terminó excelentemente su secundaria y preparatoria. Tomó un trabajo de medio tiempo para costearse su carrera, y al término de algunos años obtuvo su título de ingeniero. Entró a trabajar en una buena empresa y, en base a demostrar empeño, dedicación, responsabilidad, ha logrado ir escalando peldaños dentro de la organización.

Miguel, por otro lado, decidió que él quería "vivir la vida sin complicaciones" como dice por ahí un anuncio comercial. Pasó a duras penas la secundaria, entró a la preparatoria pero a medio curso embarazó a la novia y tuvo que salirse de la escuela para trabajar y enfrentar el compromiso que se le venía encima. Hoy en día, Miguel trabaja de lo que puede para llevar apenas el sustento mínimo necesario para su familia.

¿Cómo es que habiendo tenido Juan y Miguel un inicio tan parecido hoy en día lucen tan diferentes? La respuesta a esta pregunta es: Cada uno levantó diferentes varas y, en consecuencia, cada uno obtuvo resultados diferentes. Miguel tuvo exactamente la misma oportunidad que Juan de levantar las varas que quiso, lo que no pudo escoger fueron las consecuencias ligadas a las varas que levantó.

Ahora bien, ¿estará Miguel consciente de que su condición de vida hoy es el resultado de las decisiones que tomó en el pasado? Tal vez sí, pero muy probablemente no. Muy probablemente él atribuirá esta diferencia entre su vida y la de Juan a aspectos tales como la suerte, el destino, su signo zodiacal, etc. O dirá cosas como "unos nacen con estrella y otros nacemos estrellados", o "es que Dios la trae conmigo, ya me agarró de su puerquito". Hace falta tener los pantaloncitos bien puestos para reconocer que soy lo que yo mismo he creado. Nadie más llevó ese barco hasta ese destino, sino Miguel mismo. Y aún así, todavía tendría esperanzas de lograr un cambio, en tanto tenga un cerebro para tomar decisiones con vista al futuro.

En los 90's, el grupo rapero Caló cantaba la canción de "Ponte atento". Lo mismo te digo ahora en este mensaje: Ponte atento. La vida generalmente te presentará diferentes varas para levantar. Ponte atento y trata de ver no solo el extremo visible y tal vez apetecible de la vara que estás levantando, sino también el otro extremo, el que a veces no se ve a simple vista, pero que invariablemente viene ligado a cada vara por levantar. Ponte atento, porque no es solo cuestión de varas. Es tu futuro y el de tu familia, tu paz y tu tranquilidad los que están en juego en cada vara que levantas.

Ejercicios de aplicación y reflexión

1. Cuando estés ante alguna decisión trascendente, dibuja dos varas o tantas como opciones te represente esa decisión.
2. En cada una de las varas, dibuja en un extremo la opción que puedes tomar. Por ejemplo, si estás ante la disyuntiva de aceptar algo que te están proponiendo, en una de la varas diría: "Decir que sí" y en la otra "Decir que no".
3. En el otro extremo de cada vara anota las consecuencias positivas y negativas que podrías tener si tomas esa opción. Tómate tiempo para este análisis y, si lo consideras conveniente, pide ayuda a alguien de confianza que realmente te pueda dar un consejo valioso (no se lo vayas a pedir a tu hermanito de cinco años).
4. Una vez terminado el punto anterior, cada vara responderá a la pregunta "¿Qué me estoy trayendo en el otro extremo al levantar este extremo de la vara?"
5. Utiliza tus varas terminadas como una guía para tomar la decisión.

6

Suponte que tienes un carro último modelo, listo para usarse, con el tanque lleno de gasolina. Sin embargo, las bujías no funcionan, así que cuando le das vuelta a la llave, no pasa nada, el auto no enciende.

¿Qué hace falta para que todo ese potencial que tiene el vehículo se ponga en movimiento? La chispa que provoca la bujía, que hará que la gasolina provoque una explosión, que hará que los pistones se pongan en movimiento, que harán que el motor funcione y que pondrá el vehículo en movimiento. Todo depende de una pequeña chispa. Al no existir ésta, todo lo demás no funciona, de nada te sirve tenerlo ahí.

La pasión es esa chispa que hará que todo nuestro potencial se ponga en movimiento y nos lleve a vivir la vida plenamente y a disfrutarla al máximo.

Esa pasión, que en el pueblo mexicano se pone muy de manifiesto en la llamada "pasión futbolera" será, si la buscamos y la aplicamos a nivel individual, el ingrediente que necesitamos para sacar el máximo provecho de nuestras habilidades y talentos. De otra manera, es muy probable que éstos permanezcan dormidos.

"Vivir será la más maravillosa aventura" dice Peter Pan en mi mensaje. Encuentra esa chispa que encienda tu pasión y vívela, para que esa frase sea una realidad en tu vida.

LA PASIÓN

En estos días pasados fue muy común recordar lo que se denomina La Pasión de Cristo. Con motivo de la semana mayor pudimos ver representaciones de la misma en diferentes lugares. Se escucharon sermones y reflexiones al respecto, e incluso se volvió a transmitir en la televisión una película del mismo nombre.

Según entiendo, se le llama la Pasión de Cristo al periodo de tiempo comprendido desde su detención hasta su crucifixión y muerte. Lo que no entendía tiempo atrás, o al menos no me quedaba muy claro, era por qué se le llamaba así a este lapso de la vida del mesías, de modo que me di a la tarea de buscar el significado de este término, "pasión", en el diccionario. Según el señor Larousse, "pasión" significa "Inclinación impetuosa de la persona hacia lo que desea / Emoción fuerte y continua que domina la razón y orienta toda la conducta".

No soy un erudito de las doctrinas eclesiásticas que llevaron a denominar así a ese periodo de la vida de Cristo, de su detención a su crucifixión, pero para mí, con esta definición, el término y su aplicación a dichos eventos, adquirieron mucho sentido.

Entiendo ahora, y es una interpretación muy personal, que todo lo que Cristo hizo, todas sus palabras, todas sus acciones, incluso sus pensamientos, estuvieron fuertemente orientados y teniendo muy presente ese momento cumbre de su sacrificio por la humanidad que definitivamente él sabía que en algún momento iba a llegar. Esa era su pasión. Eso fue lo que motivó su razón y su conducta. Fue lo que le dio la fuerza para enfrentar los tremendos castigos a los que se vio sometido y que finalmente lo llevaron a la muerte. En algún momento de su vida, y según registran las sagradas escrituras, el salvador expresó: "Yo para esto he nacido".

Bien, pues después de esta pequeña reflexión motivada por las fechas que acabamos de pasar y trasladando el tema a terrenos menos sagrados y más cotidianos, pienso en lo importante que es que en la vida de cada uno exista esa flama de la pasión. Yo le digo a mis alumnos de la universidad cuando están ya casi para graduarse: "Salgan de aquí con un diploma en la mano, y una pasión en el corazón."

Un joven que se entrega con pasión a lo que hace, desarrollará los niveles de excelencia que lo llevarán a alcanzar lo que desea. Un trabajador que le agrega pasión a su trabajo, pasará de la mentalidad de "así se ha hecho siempre" a encontrar maneras de mejorar su entorno y sus actividades laborales. Unos padres que sienten pasión por la educación de sus hijos, sentirán esa emoción fuerte y continua que los lleve a tender lazos de unión y comunicación con esos hijos para que ellos no solo sepan, sino que sientan que tienen padres que les aman y que pueden recurrir a ellos ante las interrogantes de la vida. Una persona que con pasión se esfuerza por encontrar el para qué ha nacido y luego lucha por cumplir su propósito vital, enfrentando obstáculos y desafíos, orientando su razón y su conducta hacia ese objetivo, logrará vivir una vida plena, logrará realizar sus sueños, evitando lo que Herman Hesse decía: "Todos vivimos en sueños, pero la diferencia entre la gente, es que unos viven en sueños propios, mientras que la amplia mayoría vive en los de los demás".

En la película de "Hook", el Peter Pan crecido, que había olvidado quién había sido él, vuelve al país de Nunca Jamás y rescata a sus hijos de las garras del Capitán Garfio, reencontrándose consigo mismo en el proceso. Al volver a casa, sus hijos le preguntan qué nuevas aventuras les esperan. Él les contesta: "A partir de ahora, vivir será la más maravillosa aventura". En eso se convierte la vida, en una maravillosa aventura cuando le agregamos ese importante ingrediente: la pasión.

Te deseo que encuentres una pasión para vivirla cada día, y que al hacerlo, cada día de tu vida se convierta en una maravillosa aventura.

Ejercicios de aplicación y reflexión

1. Anota en tu diario qué cosas te apasionan, te entusiasman. Aquellas de las que te puedes pasar horas platicando o practicando.

2. Identifica si alguna de esas cosas la puedes convertir en un medio de vida. Por ejemplo, si te apasionan las computadoras, estudiar alguna carrera relacionada o emprender un proyecto de un ciber café.

3. Si no es posible el punto anterior, identifica de qué manera puedes combinar tu actividad laboral con tu pasión para que ésta te siga motivando en las demás áreas de tu vida. En mi caso, por ejemplo, que me apasiona escribir pero soy Contador Público, empecé a escribir la columna de El Mensaje en la Botella adicionalmente al trabajo que tenía.

4. Escribe en tu diario cómo sería un día de tu vida si estuvieras ya viviendo tu pasión.

5. Utiliza la descripción anterior para definir pasos que te ayuden a caminar en la dirección de tu sueño.

6. Como persona, trabajador, estudiante, padre, etc., ponle cariño a lo que haces. Mejor aún, ponle pasión. Es importante hacer lo que amas, pero también es importante amar lo que haces.

7

En este mensaje hablo de algo que posteriormente utilizaré con frecuencia para mis demás mensajes: los diarios de mis hijos.

Escribo cinco diarios, el mío personal, y uno para cada uno de mis hijos, a partir de que nacieron. A veces algunas personas se sorprenden al saber esto y, para explicarles porqué lo hago, les hago el siguiente planteamiento:

"Imagina que vas caminando por la calle y te encuentras una moneda de cincuenta centavos tirada. Fuera del valor económico que pudiera tener esa moneda, ¿te llamaría en algo la atención de manera especial?"

Generalmente, la respuesta es "no". A lo que yo continúo:

"Ahora imagínate que vas por la calle y te encuentras también una moneda de la misma denominación, solo que ésta, en al año de emisión, dice 1872. ¿Te llamaría la atención?"

Generalmente aquí la respuesta es obviamente "sí". El principio que trato de ilustrar con esto es que hay cosas cuyo valor aumenta con el paso del tiempo. Una de ellas es la palabra escrita.

Lo que sentía el día en que nació alguno de mis hijos lo sentía tan fuerte en ese momento en que nacieron que a lo mejor escribirlo en ese momento no agregaba mucha fuerza a la emoción. Pero cuando mis hijos leen esas palabras diez o quince o veinte años después, tienen un gran valor para ellos.

Por eso les escribo. Y por eso te invito a hacer lo mismo cuando te llegue el momento.

CÁPSULAS DE AMOR

Mis hijos van a decir que qué oso, pero me vale. De todos modos voy a comentar aquí que a cada uno de ellos le llevo un diario desde el día en que nacieron. ¿Qué les escribo ahí? Pues desde datos como cuándo y a qué hora nacieron, cuánto pesaron y midieron, pasando por sus primeros pasos y sus primeras caídas, hasta anécdotas simpáticas, enseñanzas y toda clase de cosas que me gustaría que recordaran. A manera de ejemplo, comparto unos fragmentos de lo que escribí en el diario de mi último hijo el día que nació:

"Manuel (o Manolo, como seguramente te dirán): Acabo de tenerte en mis brazos por primera vez. Por cuarta ocasión llega un hijo a nuestro hogar y con el mismo amor que los anteriores, te recibimos y te damos la bienvenida a la familia Tárrega Saldívar.

Tienes una familia que te esperaba con ansias, sabiendo que serías el último miembro que llegaría: Una hermana mayor, Diana Alicia, dulce y buena, la primera que llegó a dar luz a nuestro hogar; un hermano, Jesús, que es un alma grande, generoso a más no poder, y que ya estaba deseando que llegaras y preparando su cuarto para que te duermas con él; una hermana antes que tú, Zaida Gisela, que es la ternura personificada, y que también anhelaba la llegada de 'su bebé', como ella dice, para, según ella, cuidarte y darte de comer. Por último, una madre, pero ¡qué madre! Especial como ella sola, entregada a su familia y el corazón de la casa; la responsable de mi felicidad y quien está haciendo de ustedes lo que son: niños felices.

Tu nombre lo escogimos por mi tío Manuel, hermano de mi padre. Ex alcalde de esta ciudad, ex diputado federal, ex senador y ex gobernador interino de Tamaulipas. Cuando murió, de él se dijeron palabras muy hermosas. Te comparto algunas de ellas de un recorte de periódico que todavía conservo: 'Reynosa debe a Manuel Tárrega su ejemplo de honestidad y de carácter; fue siempre enérgico consigo mismo. Tuvo siempre una permanente lealtad con sí mismo y con sus principios, con su conciencia; por eso, cuando entregamos a la tierra sus restos, no podemos derramar una lágrima, porque nos deja el camino abierto para seguir pensando que en este mundo todavía hay muchas cosas imperfectas, y que con su ejemplo debemos cambiar para hacerlo un mundo más justo y más digno'.

De ahí tu nombre, hijo; en honor de un hombre que dejó buena semilla. Espero que para ti, estas palabras te motiven a emular su ejemplo.

Tengo la creencia de que nos conocimos en los cielos antes de venir a esta tierra, y como dije cuando tu mami estaba embarazada por primera vez, nos amamos tanto allá, que Dios me prometió enviarte como mi hijo, para seguirnos amando acá y algún día regresar a Su presencia. Así que bienvenido a casa nuevamente, y al igual que a tus hermanos, te invito a que te unas a nosotros para trabajar en nuestra meta: llegar a ser una familia eterna".

En cada uno de esos diarios, invariablemente dejo la primera página en blanco con la idea de dedicárselos y regalárselos en algún momento de su vida.

Cuando platico con jóvenes que van a contraer matrimonio o que están por tener hijos, invariablemente les obsequio esta sugerencia, la de llevar un diario para los hijos que les lleguen. De todo corazón les animo a que lo hagan, pues esas palabras cobrarán un enorme valor con el paso del tiempo.

Escriban lo que de su corazón nazca. Escriban aquellas cosas que les gustaría que sus hijos escucharan de ustedes, aún cuando ustedes ya no estén a su lado.

Esas palabras serán para ellos no solo una especie de cápsula de tiempo. Serán cápsulas de amor que ellos podrán tomar siempre que las necesiten.

Ejercicios de aplicación y reflexión

1. La aplicación en este caso es muy clara: si tienes hijos o estás por tenerlos, registra en un diario aspectos que te gustaría que él o ella conocieran o recordaran dentro de varios años.
2. En esos diarios puedes conservar también pequeños recuerdos, tales como fotos especiales, cartas o mensajes que él o ella te dieron o que tú les diste en alguna ocasión especial, invitaciones de sus cumpleaños, etc.
3. Escríbeles lo que para ti significó su llegada a tu vida.
4. Imagina los retos que le tocará enfrentar a tu hijo(a). Imagina que cuando le toque vivir esos retos, tú estás lejos de él y estás viendo su vida como si vieras una película. ¿Qué te gustaría decirle en ese momento? Escríbeselo.
5. ¿Hay alguna experiencia de vida particularmente significativa entre tu familia (entre tus padres, hermanos, abuelos, tíos, etc.)? Escríbesela para que la conozca y lo aliente en sus propias pruebas.
6. Utiliza el amor que él o ella te inspiran para encontrar otros temas para escribirle y para motivarte a tomar el tiempo para hacerlo regularmente.

8

Pienso que gran parte del potencial de las personas se queda muchas veces sin utilizar o queda limitado, debido a las "imposibilidades" que, en su gran mayoría son autoimpuestas por las personas mismas. Es el caso, por ejemplo, del hombre que de pequeño tuvo una experiencia desagradable al tratar de decir una poesía en su salón de clase y ahora, a sus 30 o 40 años sigue pensando que es imposible que él hable bien en público.

Algunas otras imposibilidades o limitaciones nos son impuestas a través de etiquetas que otros nos pusieron y nosotros dócilmente aceptamos llevar. "¡Eres un bueno para nada!" le dijo la madre a su hijo pequeño en un momento de enojo y ahora el niño creció pero sigue llevando inconscientemente esa etiqueta grabada en su mente, y las cosas que emprende llevan consigo la semilla del fracaso.

En este mensaje concibo el país de las maravillas no como un lugar físico, sino como una forma de vida en la que la persona se libera de dichas limitaciones y trabaja para alcanzar su plena realización.

A través de la experiencia de Alicia, veremos en este mensaje que todos tenemos la capacidad de llegar a nuestro país de las maravillas, porque cuando uno se libera de ataduras, ciertamente la vida es maravillosa.

¿EN DÓNDE QUEDA EL PAÍS DE LAS MARAVILLAS?

Se ha estado poniendo de moda de unos años para acá el realizar películas con actores reales sobre los cuentos infantiles clásicos. Hace poco fui con mi familia a ver la película de "Espejito Espejito" la historia de Blancanieves. Me quedé dormido la mitad de la película, pero me dijeron mis hijos que estuvo buena. Así que mejor hablemos de otra en la que no me haya dormido.

En la película de Alicia en el País de las Maravillas, esta película donde Johnny Depp hace el papel del Sombrerero Loco, hay un mensaje implícito que me gustó mucho. Hacia el final de la película, la joven Alicia ha regresado ya del País de las Maravillas después de haber enfrentado una serie de retos, incluyendo el acabar con el gobierno tirano de la reina de corazones rojos y dar muerte a su mascota, un monstruo que asolaba esas tierras. Alicia convence al ex socio de su difunto padre de la conveniencia de emprender nuevas aventuras comerciales por países lejanos. Este comerciante acepta y, al ver la determinación de la joven y reconocer en ella la misma actitud valerosa y la audacia de su padre, la nombra capitana de la travesía.

En la escena final, Alicia va parada al frente de uno de los barcos, vislumbrando su futuro en el horizonte. Pero aunque es la misma persona, hay algo diferente en la Alicia del principio de la película y la Alicia del final. La Alicia del principio estaba llena de temores e inseguridades que se reflejaban en su mirada; su vida estaba controlada por sus miedos y dependía de los demás para tomar sus decisiones. En la Alicia del final, cuyos retos en el País de las Maravillas le demostraron que podía lograr lo que parecía imposible, su mirada ha cambiado, y ahora refleja determinación y seguridad. Ha tomado el control de su propia vida. Con confianza se encamina en busca de sus sueños. Después de un proceso ciertamente difícil, ha encontrado SU país de las maravillas.

¿En dónde queda el país de las maravillas? Lo llevas contigo dentro de tu corazón, porque no es un lugar físico. Al país de las maravillas llegas cuando descubres que tienes todo lo necesario para lograr lo que te propongas. Claro que implica trabajo. Baden Powell, el fundador del escultismo decía: "Por cada hora de sueños, deben venir cuando menos 20 horas de trabajo". Implica visión. Tienes que empezar por definir el destino que quieres alcanzar. Nadie puede dar en un blanco que no se puede ver. E implica confianza. Confiar en que llegamos a este mundo equipados con una dotación única de talentos y habilidades que, bien desarrollados y encauzados, te permitirán lograr cosas de las que no te creías capaz. Parte del trabajo al que me refería antes incluye el identificar y desarrollar esos dones que a cada quien se nos dieron.

Una de las grandes enseñanzas del padre de Alicia en la película, que ella recuerda cuando tiene que enfrentar su reto más difícil, es: "Soy capaz de pensar en 6 'imposibilidades' antes de la hora del desayuno". Dándole a entender que si ella era capaz de imaginar cosas que a muchos (tal vez a ella misma) se les antojarían imposibles, entonces sería capaz de volverlas realidad. "Si puedes soñarlo, puedes realizarlo" decía Walt Disney.

¿Cuáles son tus "imposibilidades"? ¿Te parece imposible que puedas alcanzar un cierto grado de estudios? ¿Te parece imposible que puedas lograr cierta posición en tu trabajo? ¿Te parece imposible que puedas llevar a cabo un determinado proyecto? Había una canción muy conocida hace algunos años llamada "Sueño imposible", que empezaba con estas hermosas palabras: "Con fe lo imposible soñar".

Define tus metas y objetivos, aún cuando en este momento te parezcan un sueño imposible. Con perdón de la expresión, "mueve el trasero", es decir, actúa y ponte a trabajar. Y por último, deja atrás los miedos, no dejes que te dominen y te paralicen. Éntrale a tus sueños con fe, porque cuando hagas todo esto, habrás iniciado el camino para llegar a TU país de las maravillas, ese extraordinario lugar en donde puedes lograr lo que te parecía imposible.

Ejercicios de aplicación y reflexión

1. Anota en tu diario cuáles son tus "imposibilidades", aquellas cosas que no te consideras capaz de hacer.
2. Trata de identificar qué fue lo que te llevó a pensar que no tienes la capacidad de realizar esas cosas. En este punto es válido pedir ayuda a alguien de mucha confianza.
3. Como se sugiere en el libro "¿Quién se ha llevado mi queso?" pregúntate, "¿Qué haría si no tuviera miedo?"
4. Visualízate haciendo esas cosas sin dificultad (hablar en público, tomar decisiones, relacionarte con otros, etc.). Realiza frecuentemente estos ejercicios de visualización.
5. Define tus metas y objetivos, así como los pasos que tendrías que dar para alcanzarlos.
6. Identifica si hay alguna ayuda externa que tengas que considerar, por ejemplo, tomar un curso de oratoria, leer cierto tipo de libros, consultar un experto, etc.
7. Oblígate a dar los pasos necesarios para hacer realidad tus visualizaciones. Dale el permiso a tus miedos de quedarse en casa y aviéntate a conquistar tus metas. Piensa que sería muy triste que no los alcanzaras por razones que, generalmente, no tienen fundamento.

9

He encontrado que las experiencias más felices en mi vida son aquellas relacionadas con mi familia. El gozo de recibir un hijo en el seno de nuestro hogar forma parte especial de ese tipo de experiencias.

En este sentido sé que no soy el único, y que por lo general la llegada de un hijo es motivo de gozo para cualquier persona.

Mi deseo y mi invitación a través de este mensaje es que no permitamos que esos sentimientos se enfríen con el tiempo. Cuando le digo a mi hija "quiero que sepas que aún sigo aquí", lo que le quiero decir es que la sigo amando por encima de tiempos, distancias y problemas.

Ciertamente, como también aquí lo dejo ver, la relación con mi familia me ha enriquecido de maneras que el dinero no puede hacerlo, e igual puede ser para cualquier persona si cuida y conserva la frágil pero poderosa relación familiar.

DIANITA

Hoy cumple años mi hija Diana Alicia (Dianita para mí, aunque cumpla 26 años; perdón por la ventaneada, hija).

Ella fue la que me inspiró a iniciar los diarios de mis hijos de los que ya he hablado. Cuando ella tenía aproximadamente un año y medio hacía cada cosa que me embelesaba y que yo empecé a llamar "momentos mágicos". Momentos en los que, tal como está escrito en su diario, "son instantes, a veces muy breves, en los que con una acción, un gesto o algunas palabras tuyas detienes el tiempo y despiertas en mí los sentimientos y sensaciones más hermosas, haciéndome desear que no termine ese instante jamás; haciéndome desear que pueda valorar el hecho de tenerte junto a nosotros para darte, mientras estés con nosotros, aunque sea un poquito de la felicidad que tú nos brindas, no importa que sea a nuestra manera torpe de adultos y no de la forma perfecta y sublime en que solo tú puedes hacerlo".

El no querer que esos momentos mágicos se perdieran fue lo que me motivó a registrarlos por escrito. También le registré en su diario, entre otras cosas, canciones que me gustaba cantarle de pequeña, como aquella de José Luis Perales que modifiqué un poco para que dijera:

"Hoy te escribo esta carta, mi pequeña Dianita, yo que tanto te quiero y que todos los días me acuerdo de ti, yo me acuerdo de ti.

Hoy te quiero contar, mi pequeña Dianita, que he visto un caracol escaleras arriba preguntando por ti, preguntando por ti".

Mi niña amaba esa canción porque describe después una serie de imágenes llenas de fantasía. A Blancanieves y a la luna "preguntando por ti", mariposas de colores paseando por el sol, una princesa en su castillo, un príncipe feliz cazando grillos "y una muñeca que dormía y era igual que tú".

Recuerdo estar con mi esposa y con ella en la banqueta de la casa, en una noche de luna, cantándole en compañía de mi guitarra ésta o alguna otra canción, sintiéndome el hombre más rico del mundo, aunque el dinero escaseara y los problemas económicos abundaran.

El sábado 12 de julio de 1997, cuanto tenía 11 años y empezaba a dejar de ser niña, le escribí lo siguiente en su diario:

"Acabamos de llegar de la playa, hijita. Pasamos un rato agradable todos juntos, bañándonos en el mar. Hubo un momento en que me dijiste: 'Papi, ¿me llevas a lo hondo?'.

Dejamos a tus hermanos y a tu mami y nos empezamos a internar tomados de la mano. Cuando ya estábamos más adentro y vi que las olas se ponían más fuertes, con una mano te tomé de la muñeca y con la otra tomé tu mano para aferrarte fuerte a mí. Y entonces aproveché para darte una enseñanza; te dije que así como podías sentirte segura al tenerte yo agarrada, así podrías encontrar siempre seguridad en mí. Que podías recurrir siempre a tu mami o a mí y tener la confianza de que te protegeríamos y te cuidaríamos, y que ahora que estás por entrar a la adolescencia, con todos los nuevos intereses que eso conlleva, siempre habría alguien que estaría a tu lado, a veces callado, observando cómo te conviertes de niña a mujer, pero siempre dispuesto a tenderte la mano cuando lo necesites: tu padre".

Dianita: solo quiero que sepas que aún sigo aquí. Observando; a veces callado, pero con el mismo amor. Te quiero mucho, hijita. Gracias por todo lo que trajiste a mi vida. Feliz cumpleaños.

Ejercicios de aplicación y reflexión

1. Anota en tu diario cómo te sentiste cuando supiste por primera vez que serías papá o mamá o cómo te sientes ahora que lo vas a ser.
2. Escribe cómo te gustaría que fuera tu relación con tu hijo(a) dentro de 20 años.
3. Escribe qué cosas estás dispuesto a hacer para que esa relación madure y crezca como ahora deseas que sea.
4. Si tu hijo(a) ya sabe leer, en su próximo cumpleaños escríbele una carta expresándole lo que sientes por él y guárdasela en su diario o en algún lugar en donde no se pierda.

10

"De las cosas pequeñas proceden las grandes" leí en una ocasión. Hablando de la buena voluntad entre las personas, esta máxima aplica perfectamente.

Las buenas relaciones entre las personas empiezan con pequeños gestos de amabilidad, que es el tema con el que empiezo este mensaje. Un desconocido que tiene un pequeño gesto de solidaridad conmigo en una situación de necesidad.

A veces andamos tan ocupado en nuestros propios asuntos que nos olvidamos de brindar una sonrisa a los demás, ya no digamos otro tipo de gestos. Sin embargo, cuando nos damos la oportunidad de hacerlo, qué buen sabor de boca nos dejan y cómo ayudan para que nuestras interacciones sean más agradables.

Y un excelente lugar para empezar a practicar este tipo de gestos es dentro de las paredes de nuestro propio hogar. Creo que más triste que no acostumbrar practicar los mencionados gestos de amabilidad, es acostumbrar practicarlos fuera de casa, y dar otra cara con los de nuestra propia familia.

Así que te invito a empezar por dibujar en tu rostro una sonrisa, pero como dice una canción, "póntela al derecho y no al revés".

UN SIMPLE GESTO

Que si Chicken Little hubiera estado aquí, seguro hubiera insistido en que el cielo se estaba cayendo. Hace dos semanas nos cayó una granizada en Reynosa que, de veras, parecía que el cielo se estaba cayendo a pedazos.

A mi me agarró manejando. Andaba por la colonia Jardín cuando empezaron a caer los helados proyectiles. Desesperado, empecé a buscar un árbol para tratar de proteger un poco el carro, pero parecía que ya muchos me habían ganado la idea, porque árbol que veía, ya estaba un vehículo abajo esperando que pasara la tormenta. Al llegar a una esquina y voltear para los dos lados a ver si encontraba algún árbol disponible, me vio una persona que acababa de meter su carro en la cochera y estaba cerrando el zaguán. A señas me preguntó si quería meterme en su cochera, en donde todavía quedaba un lugar disponible. Le dije que sí, y amablemente volvió a abrir la puerta para permitirme entrar. Él se metió a su casa porque el agua seguía cayendo fuerte, y yo me quedé ahí hasta que amainó un poco la lluvia, después de lo cual me retiré. Ese fue, si ustedes quieren, un acto sencillo de empatía, de hacer por otro lo que te gustaría que hicieran contigo si estuvieras en la misma situación; ese fue tal vez un gesto simple, un simple gesto de solidaridad, pero qué buen sabor de boca me dejó y cuánto agradecí el gesto en ese momento que lo necesitaba.

Pienso que este mundo mejoraría mucho si más de nosotros fuéramos personas "gestosas". Y no me refiero a que vayamos a andar con cara de orangutanes en ayunas, sino a que busquemos y encontremos oportunidades de realizar gestos de solidaridad y apoyo como el que tuvo mi desconocido benefactor. Gestos que pueden ser muy simples, y a veces no costarnos nada, pero que hacen una gran diferencia e incrementan la buena voluntad entre nosotros, los seres humanos.

El hogar, la oficina, la calle, la escuela, todos están llenos de oportunidades de tener este tipo de gestos si tan solo nos abrimos a la vida y evitamos ensimismarnos y pensar solo en lo que nos afecta o lo que nos conviene. El simple hecho de regalar una sonrisa es ya un gesto simple, pero cómo nos puede alegrar el día, a nosotros y a aquel a quien le obsequiamos la sonrisa. Yo les digo a mis alumnos: "Regalen sonrisas, no hay riesgo de que se les acaben". Y también les digo: "No eres responsable de la cara que tienes, pero sí de la cara que pones". La cara que tenemos, les digo, esa, manito, pues ni modo, ya así nos tocó, pero la cara que ponemos, esa sí la podemos cambiar, y eso hará una diferencia importante.

Sean Covey, en su libro de Los 7 Hábitos de los Adolescentes Altamente Efectivos, dice que las personas a veces vivimos bajo una filosofía egoísta que diría más o menos así: "Si me gusta, es mío; si te lo puedo quitar, es mío; si lo tuve hace un rato, es mío; si digo que es mío, es mío; si parece que es mío, es mío; si lo vi primero, es mío; si te parece divertido, definitivamente es mío; si lo dejas de usar, es mío; si está dañado, es tuyo".

Para evitar caer en esta filosofía egoísta, desarrollemos la costumbre de realizar gestos simples de interés por los demás. Un simple gesto le puede cambiar el día a una persona. Un simple gesto no cuesta nada, pero vale mucho. Un simple gesto puede fortalecer mi relación con mi familia como no lo harían otras cosas. Igual con mis compañeros de escuela o de trabajo.

Entonces, hagamos de este mundo un lugar un poco más amable. Entiendo por amable, que tiene los atributos para ser amado, así como apreciable sería el que los tiene para ser apreciado. Cuando dejamos a un lado la visión egoísta de la vida y empezamos a utilizar expresiones como "¿te ayudo?" "¿qué necesitas?" "cuenta conmigo" "permíteme, yo lo hago" y otras parecidas, y cuando comenzamos a practicar gestos simples que con hechos demuestran que me interesan mis semejantes, entonces resulta más fácil amar este mundo - el mundo se vuelve un lugar más amable - y nuestro tránsito por aquí se torna más apreciable.

Ejercicios de aplicación y reflexión

1. Analízate sinceramente. ¿Qué cara pones normalmente a los demás? Evita "orangutanizarte".
2. Si eres de los que se les dificulta sonreír, practica ante un espejo. Tal vez te sientas un poco ridículo al principio, pero no importa. Entre más sonrías, más gusto le hallarás y más fácil te resultará.

3. Anota en tu diario cómo te gustaría que te trataran los demás.
4. Empieza a tratar a los demás como te gustaría que te trataran a ti. Jesucristo lo llamó "la regla de oro".
5. Pon en práctica pequeños gestos de amabilidad con tu familia y tus compañeros de escuela o de trabajo. Observa y analiza lo que sucede.
6. Escribe en tu diario experiencias gratas que ocurran al poner en práctica el punto anterior.

11

Dice Andy Andrews en su libro El Regalo del Viajero: *"Una persona que no tiene un sueño, nunca sabrá lo que es que un sueño se convierta en realidad".*

La vida, aunque no es perfecta, tiene sus momentos perfectos, y algunos de esos momentos perfectos son cuando ves culminado un sueño, cuando uno de tus sueños se convierte en realidad, en especial si te costó mucho esfuerzo el alcanzarlo.

Sí, la vida a veces es dura, pero no deberíamos permitir que eso nos haga renunciar a nuestros sueños, porque necesitamos del calor que éstos nos dan, necesitamos evitar que mueran de frío.

Con el mismo amor con que se arropa a un hijo cuando vemos que tiene frío, con ese mismo amor tendríamos que "arropar" a nuestros sueños, "abrazarlos" y luchar por ellos, no importa cuántas veces nos caigamos en la lucha. Los grandes logros de la humanidad se han alcanzado porque hubo alguien que no se permitió desanimarse ante los fracasos.

Tal vez tus sueños no cambien el destino de la humanidad, pero cambiarán el destino de tu humanidad, del ser humano que eres, y que fue enviado aquí con un propósito. Los sueños son esas claves en el camino que nos guían hacia el cumplimiento de ese propósito, de ahí su importancia, y la importancia de mantenerlos con vida.

Alguien dijo en una ocasión: *"En cuestión de sueños, pocos se logran; la mayoría se roncan".* Que no te suceda eso.

¿PUEDE UN SUEÑO MORIR DE FRÍO?

Me encanta la música. Trabajo con música. Estudio con música. Me baño con música (eso sí, no canto en la regadera). La música me relaja, me inspira, me transporta, me llena. Me puedo amanecer cantando con la guitarra o el karaoke, como intenté hacerlo en la pasada reunión familiar, hasta que una tía me mandó callar a las 4 de la mañana ("por favor díganle a Chucho que ya se calle; hay algunos que sí queremos dormir"). Dice mi esposa que hasta canto dormido. No sé, nunca me he escuchado.

Bueno, el caso es que hace unos días escuchaba una canción cuya letra en un fragmento dice: "Tanto cielo perdido, tantos sueños muriendo de frío" y me pregunté a mí mismo: "Mí mismo, ¿puede un sueño morir de frío?".

La respuesta indudablemente es "sí", un sueño sí puede morir de frío. Los sueños nacen del corazón y necesitan el calor que les da la persona mientras sigue creyendo en ellos, mientras sigue luchando por alcanzarlos. Cuando somos niños y jóvenes albergamos grandes sueños en nuestro corazón y decimos: "Cuando sea grande voy a hacer esto, cuando sea grande voy a hacer esto otro". La vida, sin embargo, a veces nos hace que vayamos olvidando nuestros sueños, los vamos arrumbando en el desván, los vamos desterrando de nuestro corazón, y entonces mueren de frío.

La triste consecuencia de esto es que, como dice Paulo Coelho en El Peregrino: "Cuando renunciamos a nuestros sueños tenemos un pequeño periodo de tranquilidad, pero después los sueños muertos comienzan a podrirse dentro de nosotros y a infestar todo el ambiente en que vivimos". Y después viene lo más trágico, pues como continúa explicando Coelho: "Comenzamos a volvernos crueles con quienes nos rodean y, finalmente, dirigimos esa crueldad contra nosotros mismos. Surgen las enfermedades y las psicosis. Lo que queríamos evitar en la lucha por nuestros sueños – la decepción y la derrota – se convierte en el único legado de nuestra cobardía".

Recuerdo haber visto hace mucho una película que se llamaba "La Guerra del Fuego". Trataba de la gente de la época de las cavernas, cuando los primeros hombres no sabían todavía cómo producir el fuego. Entonces, cuando caía algún rayo e incendiaba un árbol, ellos utilizaban el fuego y luego buscaban la manera de preservar aunque fuera una llamita y la cuidaban como lo más preciado, transportándola con ellos para volver a utilizarla, pues no sabían cuándo volvería a caer otro rayo.

Así debemos cuidar nuestros sueños. Así debemos mantener encendida la llama en nuestro corazón para que nuestros sueños no mueran de frío, pues no sabemos cuándo los necesitaremos para darnos el impulso de seguir adelante, de enfrentar un desafío, de luchar contra la adversidad. Debemos cuidar nuestros sueños, porque muchas veces no nos damos cuenta de que se están muriendo. Germán Dehesa dijo en una ocasión: "Nadie se aleja de golpe de sus proyectos de vida: una concesión aquí, una omisión allá y de pronto ya no somos lo que podríamos haber sido".

La frase de la canción que mencioné al principio decía también "tanto cielo perdido". Cuando renunciamos a nuestros sueños perdemos también ese pedacito de cielo que nos correspondía y que representa la felicidad que alcanzamos cuando logramos realizar un sueño. Querido amigo, no dejes que se pierda esa porción de cielo que estaba destinada para ti. Esa porción de cielo está ahí, esperándote, es solo que tienes que subir por ella. Crea y vive tu propio cuento de hadas y, en palabras de otra canción: "Haz que tu cuento valga la pena, haz de tus sueños la ilusión. Y cuando crezcas nunca lo pierdas, porque perderás tu corazón".

Nunca es tarde para seguir luchando por un sueño, y es precisamente la posibilidad de realizarlo, lo que hace que la vida sea interesante. A veces no los alcanzarás, a veces podrás decepcionarte, pero es preferible sufrir una decepción luchando por tus sueños, que decepcionarte de ti mismo por no haber tenido el valor de hacerlo. Y créeme, duele más lo segundo.

Ejercicios de aplicación y reflexión

1. Si tienes algún sueño que has olvidado por mucho tiempo, dale RCP (reanimación cardiopulmonar) para que reviva, o
2. Sin importar la edad que tengas, piensa en algo que te gustaría realizar y que te permitiría sentir que has hecho algo de valor en tu vida.
3. En tu diario, describe cualquiera de los sueños anteriores con el mayor detalle posible. Ponle forma, color, aroma y todo lo que aplique.
4. Responde en tu diario la siguiente pregunta: ¿Porqué valdría la pena luchar por este sueño?
5. Empieza a "aterrizar" el sueño. ¿Qué pasos concretos puedes empezar a dar para materializarlo?
6. Y ahora, otra vez, "mueve el trasero", ponte a dar los pasos necesarios para que el sueño no quede en puro ronquido.
7. Cuando logres alcanzar tu sueño, dos cosas: a) mándame un correo para compartirme tu alegría (este inciso puede omitirse, el siguiente no), y b) lánzate por un nuevo sueño.

12

Este mensaje se publicó originalmente el día de las madres, y aunque hablo en particular de mi madre, es un homenaje de agradecimiento para la gran labor que realizan quienes tienen esa bendición de serlo. La mano que mece la cuna.

Es invaluable el efecto que una buena madre puede tener en una persona. Claro que también están aquellas madres que son un des ídem, pero son mucho más las que se han tomado en serio esta responsabilidad sagrada que la vida les dio.

Y en las palabras finales de este mensaje trato de dejar una motivación para ustedes, mamás (o futuras mamás), que las lleve a tratar de dejar recuerdos entrañables en quienes Dios les prestó como sus hijos en este mundo.

EN MEMORIA DE MI MADRE

En este día tan especial, quiero rendir un homenaje a mi madre, compartiendo las palabras que expresé en su funeral, hace 14 años:

"Desde que comencé a tener uso de razón me di cuenta que mi madre era alguien muy especial. Para algunos era: 'Doña Leonor', esa mujer entusiasta que no solo apoyaba sino que participaba activamente en toda actividad altruista que le era posible, desde kermeses para recolectar fondos para la iglesia de la colonia hasta actividades para dar desayunos a los niños del Instituto Mexicano de Protección a la Infancia.

Era yo muy pequeño, pero recuerdo haber acompañado algunas noches a mi padre a recogerla en camión a este instituto, y le decía que cuando yo fuera grande me iba a comprar un tractor para ir por ella, para que ya no tuviera que andar en camión.

Mujer sencilla, supo ganarse gracias a su generosidad y su entusiasmo el respeto y cariño de mucha gente de la sociedad reynosense. Siempre tenía un consejo atinado para quien se lo pedía. Como dijo una vez mi madrina Lupita, '¿qué problema le podíamos llevar a Leonor que no tuviera ella alguna solución?'. Para mí, siendo pequeño, me sonaba casi a título nobiliario ese 'Doña Leonor' al escuchar la forma como se lo decían.

Para otros era 'la Profesora Tárrega', temida por muchos, amada por más. Me recuerdo también de pequeño, esperándola afuera de algún salón de clases, escuchándola enseñar a sus alumnos la fórmula del cloruro de sodio. El interés genuino que tenía en que sus alumnos aprendieran lo pude ver al ser testigo de algunos de ellos que al pasar los años, volvían a ella para mostrarle su título de químicos, y manifestarle que el amor por esa profesión lo habían obtenido por la forma en que ella les había enseñado la materia.

Para algunos otros, para quienes la acogieron en esta ciudad cuando ella llegó sin otra cosa que su título debajo del brazo, era 'Nono'.

'Doña Leonor', 'Profesora Tárrega', 'Nono'. Tal vez haya habido otros títulos. Sin embargo, para mí, era simplemente 'mi mamá'. La que me contaba cuentos. La que en las noches me abrazaba y se ponía conmigo a decirle adiós a las luces de los carros que pasaban por la calle hasta que me quedaba dormido. Con la que tantas veces caminé de la mano por las calles de esta ciudad. La que, junto con mi padre, se partía el alma para que nada nos faltara. La mujer que yo crecía admirando. La que se preocupó por dejarnos a mi hermana y a mí una herencia, no de dinero, sino de preparación y buenos principios.

Ella y mi padre nos enseñaron grandes cosas, más que con palabras, con su ejemplo.

Hace algunos años escribí algo a lo que llamé 'Mi proyecto de vida'. En esas palabras hacía un repaso de las mayores bendiciones que había recibido hasta ese momento, entre ellas mi familia. Quisiera compartir algunas de esas palabras:

'Tengo una familia pequeña, pero hermosísima. Una madre abnegada que me ha enseñado el valor de amar sin intereses mezquinos y a ser fuerte en las tribulaciones, aunque quizá eso aún no lo he aprendido muy bien. Una hermana que me ha dado un cariño fraternal como pocas, y que ante el temor de lo desconocido, me ha enseñado que una sonrisa, una vida sencilla y una alegría interior son la mejor forma de decir 'HOLA' a algo que no sabemos cómo ha de ser. Tuve un padre que al morir, me dejó la mejor y más maravillosa de las herencias: su sentir; su pensamiento; sus ideales por mejorar la vida de cuantos nos rodean. La convicción de que un acto honesto, callado, y en bien de quien sea, un mendigo o un millonario, vale más que una vida llena de riquezas mal obtenidas. Mi madre algunas veces se ha preguntado por qué, a lo largo de los puestos políticos que ocupó, nunca buscó ni dejó nada para sí, pero no, mamá, mi padre dejó mucho más de lo que parecía: el recuerdo cariñoso en las mentes de quienes lo conocieron, y el orgullo para nosotros, su familia, de poder levantar la frente sin tener nada de qué avergonzarnos.'

Eso fue lo que ellos, nuestro padres, nos legaron, así que ahora que ella ha ido a reunirse con él, solo quisiera decirle tres cosas: Mamá, gracias por todo; que Dios te bendiga, y dale un beso a papá de nuestra parte."

A todas las mamitas que reciban este mensaje en la botella, les doy las gracias por su importante y hermosa labor y las invito a vivir su vida pensando en lo que les gustaría que sus hijos recordaran o dijeran de ustedes cuando ya no estén a su lado, que espero que sea en muchos, muchos, muchísimos años. Feliz día de las madres.

Ejercicios de aplicación y reflexión

1. Por este mensaje en particular, los ejercicios estarán dirigidos a quienes son o serán madres.
2. Anota en tu diario diez cosas por las que te gustaría que recordara(n) tu(s) hijo(s).
3. A manera de ayuda, a continuación te ofrezco un resumen de lo que yo recuerdo de mi madre en base a lo que dice este mensaje:
   a. Era entusiasta.
   b. Apoyaba actividades altruistas.
   c. Era sencilla y generosa.
   d. Ponía amor en su labor profesional (en su caso, maestra).
   e. Me contaba cuentos.
   f. Me abrazaba en las noches, dándome seguridad.
   g. Caminaba de su mano.
   h. Trabajaba duro para que nada nos faltara.
   i. Nos dio preparación y buenos principios.
   j. Nos enseñó con su ejemplo.
   k. Me enseñó a amar sin intereses mezquinos y a ser fuerte en las tribulaciones.
4. Una vez que tengas tu propia lista, empieza a crear esos recuerdos en las mentes y los corazones de tus hijos.

13

Encontrar trabajo en este tiempo es a veces difícil. Conservarlo, más.

Sin embargo, hay de empleados a empleados, y en base a sus hábitos y sus valores, algunos tendrán más posibilidades que otros de encontrar y conservar un empleo.

Los principios que compartí con mi hijo a raíz de su primer trabajo y que plasmo en este mensaje, son de aplicación universal y te representarán un arma para defender tu trabajo cuando sea necesario.

Obviamente no te eximen de que en alguna ocasión, con todo y que seas un excelente empleado, tengas que pasar por el proceso de una pérdida de empleo, pero aquí de lo que se trata es de incrementar tus probabilidades de que no sea así, o al menos, que no seas de los primeros en ser considerados para un recorte de personal, que es lo que ocurre cuando no formamos buenos hábitos laborales.

TU MEJOR ABOGADO

En este mes de mayo celebramos, entre otras cosas, el Día del Trabajo. Y sobre ese tema del trabajo, el domingo 1º de agosto de 1999, cuando mi hijo Chuy tenía siete años, registré lo siguiente en su diario:

"Hijo: hace días me pediste que te consiguiera un trabajo, así que me fui a hablar con una amiga que tiene una tiendita ahí mismo en su casa y a partir de mañana empiezas a trabajar como su ayudante. Hace unos momentos te estuve dando algunos consejos para que te fuera bien en tu trabajo, éste, y los que llegues a tener en el futuro. Te compartí 7 consejos:

1.- Sé responsable.- Como es tu primer trabajo y todavía eres pequeño, éste será un trabajo sencillo, pero te dije que independientemente de eso, deberías tomarlo con responsabilidad y desempeñarlo lo mejor que puedas. Si aprendes desde ahora este principio, estoy seguro que lo seguirás practicando en el futuro.

2.- Sé honesto.- Te comenté que en tu trabajo vas a manejar dineros que son de la dueña del negocio, y que no deberías de tomar ni diez centavos que no fueran tuyos. Que deberías cuidar de ese dinero más que si fuera tuyo, pues tenías que rendirle buenas cuentas a ella.

3.- Sé digno de confianza.- Lo lograrás si practicas los dos principios anteriores.

4.- Sé amable.- Saluda a las personas que llegan a comprar, levántate si estás sentado para que vean que estás listo para ayudarles, dales las gracias, etc.

5.- Sé diligente.- No esperes a que mi amiga te tenga que estar pidiendo que hagas las cosas, sino al contrario, busca oportunidades de mejorar tu lugar de trabajo, limpia una vitrina, acomoda los envases, etc.

6.- Haz tu trabajo con agrado.- Te decía que el trabajo es una bendición, y que si lo veías como tal, te sería más fácil desarrollarlo con gusto. Te comenté que cuando haces esto, hay más probabilidades de conservar tu empleo.

7.- Aprende la parte técnica.- Cuánto cuestan las cosas, dónde van acomodadas, etc.

A todo esto me escuchaste muy atento y me hacías preguntas. Una de ellas fue: 'Papá. ¿y si algún vecino de tu amiga va y le dice cosas que no son ciertas acerca de mí?'. Te dije que si tú ponías en práctica todo lo anterior, yo te aseguraba que ella le diría a esa persona: 'Pues fíjate que no te creo, porque yo conozco a Jesús y sé que él no es así'. Te expliqué que eso sería poco probable que ocurriera en este trabajo, pero que me parecía muy bien que hicieras la pregunta, porque en otro tipo de trabajo, sobre todo cuando estuvieras grande, sí era más probable que ocurriera. Te expliqué que funciona igual. Si demuestras ser digno de confianza, tus superiores no darán crédito a mentiras o intrigas de gente malintencionada.

Bueno hijo, pues mucha suerte en tu trabajo ahora y siempre, aunque recuerda que 'suerte' es el apodo de Dios. Si lo tienes de tu lado, siempre te irá bien."

Estoy convencido de que estos principios son aplicables, no importa el tipo de trabajo, el puesto o la edad. Hay una frase conocida que con frecuencia repito a mis alumnos: "Cuando tu trabajo hable por ti, no interrumpas".

Margaret Thatcher, ex primera ministra de Inglaterra, solía decir: "El liderazgo es como ser una dama: si usted tiene que decir que es una dama, lo más probable es que no lo sea", dando a entender que si uno tenía que andar diciendo que era el líder, lo más probable es que no lo fuera. De manera similar, si tú tienes que andar diciendo que tú eres el mejor en tu trabajo, que no hay otro como tú, que eres lo máximo, que el mundo no te merece, lo más probable es que no sea así. Haz tu trabajo con excelencia y entonces cállate. Tu trabajo hablará por ti. Tu trabajo será tu discurso más elocuente. Y cuando vengan las dificultades y te veas en la necesidad de defender tu posición, tu trabajo será también tu mejor aliado.

Así que esfuérzate. Seas un niño en una tiendita, un obrero en una fábrica, o en cualquier tipo de actividad honorable a la que te dediques, haz que tu trabajo sea tu mejor abogado.

Ejercicios de aplicación y reflexión.

1. Realiza una introspección concienzuda y sincera y haz una lista de tus hábitos laborales, tanto positivos como negativos.

2. En función de lo anterior, determina qué dicen de ti esos hábitos. Sé estricto en tu evaluación, no seas autoindulgente (o sea, "pasalón" contigo mismo).

3. Si pusieras todo eso en una balanza, ¿hacia dónde se inclinaría? ¿a tu favor, o en tu contra?

4. Si quieres tener una opinión más realista, muéstrale tu lista de hábitos a tu jefe o a algún compañero de trabajo y pregúntale si está de acuerdo con lo que anotaste. Pídele que te ayude a complementar la lista.

5. Haz una lista de compromisos que estarías dispuesto a hacer para mejorar tus hábitos negativos.

6. Escribe qué significaría para ti el desarrollar tu puesto de manera excelente.

7. Identifica qué ajustes tendrías que efectuar para hacer realidad en ti el punto anterior.

14

En una ocasión, un hombre consultaba con un líder religioso, y le preguntaba qué podía hacer, pues ya no amaba a su esposa. El líder le respondió: "Pues ámela". "¿Pero no me entiende? – insistió el hombre – Le estoy diciendo que ya no la amo", a lo que el líder le volvió a repetir: "Pues ámela; amar es una decisión".

Yo he decidido amar a mi esposa, y al hacerlo, he sido grandemente recompensado y bendecido. Y si se me permitiera dar a los hombres un consejo que aumente sus probabilidades de ser felices, sería éste: Amen a sus esposas.

La vida conyugal no es fácil, es cierto, pero cuando tomamos la decisión de afrontar todo lo que venga juntos, como pareja, entonces las experiencias vividas nos acercarán más.

Y cuando pensemos que el sentimiento llamado amor se está escapando, realicemos pequeños actos en bien del compañero(a): Cuidar de él o ella, salir a pasear (aunque sea darle la vuelta a la manzana), hacer algo especial para ella. Esas son las pequeñas cosas que representan la decisión de amar a una persona, y que al insistir en ellas, harán que el sentimiento regrese.

Ésta ha sido mi experiencia y no me arrepiento. A cada quien le toca crear su propia experiencia.

UN GRAN EQUIPO

Pues aparte de todas las cosas que se celebran en mayo, en casa tenemos una celebración más: el cumpleaños de mi esposa el día 26. Hace días escuché a un buen amigo decir que una mujer que dice su edad se vuelve poco confiable, porque es capaz de decirlo todo, así que prefiero no preguntarle a mi esposa cuántos cumple. No se crean, sí sé cuántos cumple pero no les digo. Lo cierto es que de esos años, más de la mitad ha estado ella conmigo, y eso ha sido una bendición para mí. Cuando dije de ella, Rosalba, que ciertamente era bella como una rosa en el alba, no me refería solamente a su belleza física. Su belleza interior supera con creces a la exterior, y vaya que ésta es grande.

En todos estos años, el barco de nuestra vida conyugal a veces ha navegado por aguas tranquilas, a veces por aguas turbulentas, a veces muy turbulentas, pero hoy puedo decir con satisfacción que no ha habido tormenta capaz de hacernos naufragar ni de hacernos romper la promesa que nos hicimos una noche en Cd. Victoria, de que nada nos habría de separar.

En 27 años de matrimonio hemos tenido de todo y lo hemos enfrentado como un equipo. Un equipo de dos.

A veces tuvimos escasez y eso no nos separó. Mi compañera de fórmula se ajustó el cinturón y le entró a apoyarme en todo lo que pudo, poniendo sus muchos talentos al servicio del equipo.

A veces tuvimos abundancia, y eso no nos separó. Recibimos lo que la vida nos dio con una actitud de agradecimiento y lo disfrutamos juntos.

En varias ocasiones hemos tenido que cambiar de ciudad, dejando amigos y comodidades y eso no nos separó. La actitud de ella fue semejante a la de Ruth en la biblia cuando dijo: "No me pidas que te deje ni que me aparte de ti, pues donde quiera que tú vayas iré yo y donde quiera que vivas, viviré. Tu pueblo será mi pueblo y tu Dios será mi Dios."

Cuando hubo problemas con los hijos, eso no nos separó. Juntos, nos arrodillamos y nos tomamos de la mano para orar por ellos.

Luego vino su enfermedad, una enfermedad delicada, y eso no nos separó. Fue entonces mi turno para cuidar de ella y a veces dormir en el suelo al pie de su cama en algún hospital.

Por eso y más, hace tiempo le expresé lo siguiente en una carta que le envié:

"Rossy: a toda la lista de cosas que siento por ti, hoy confirmo que una de ellas es: TE ADMIRO.

TE ADMIRO por lo increíblemente paciente que has sido conmigo durante todos estos años, sin darte por vencida en tratar de cambiar a este cabezón.

TE ADMIRO porque cada día has vivido amándome sin poner condición alguna.

TE ADMIRO por el maravilloso ser humano que eres y que das a los demás.

TE ADMIRO por seguir a mi lado física y emocionalmente cuando tal vez otras ya no estarían aquí.

TE ADMIRO porque tu amor te hizo dejar de lado opciones que tal vez parecían más prometedoras.

TE ADMIRO porque me has ayudado a ser mejor, a pesar de mí mismo.

TE ADMIRO por luchar como leona cuando de defender y ayudar a los tuyos se trata.

TE ADMIRO porque has luchado para que en más de 20 años, la llama del amor se mantenga viva.

Y sobre todo TE ADMIRO porque nada de esto estabas obligada a hacer. Todo lo has hecho VOLUNTARIAMENTE. Gracias por haberte dado a mí."

Rossy, todo esto sigue vigente y hoy solo agrego: Gracias por ser una maravillosa compañera de viaje, viaje que espero sigamos disfrutando por muchos años más, manteniéndonos como lo que hasta ahora hemos sido: Un Gran Equipo. Feliz__?__aniversario.

Ejercicios de aplicación y reflexión

1. Ama a tu esposo(a).
2. La creatividad para desarrollar el punto anterior, en este caso, te la dejo a ti.
3. Escribe en tu diario los retos que has pasado en tu matrimonio y comenten en pareja lo que cada experiencia les ha dejado como aprendizaje.
4. Redacten juntos un "Convenio de Adhesión" (o como le quieran llamar) en donde expresen qué están dispuestos a hacer para mantenerse juntos a pesar de los retos que enfrente su matrimonio.

15

"Trabajar en equipo no es una manera de obtener grandes resultados. Es la única". Así reza una frase que leí en una ocasión y con la cual coincido totalmente.

En más de 30 años de experiencia profesional, he podido constatar que gran parte de los problemas en una empresa se derivan de la falta de un sentido de equipo. Los celos, las envidias, el asumir las intenciones de los demás, pueden frecuentemente llevarnos a agredirnos unos a otros (si no físicamente, sí emocionalmente) y dificultar el trabajo en equipo, con todo lo que eso implica.

Hacen falta más conciliadores en este mundo y en este país. Hace falta más gente que celebre los éxitos de los demás y luego trabaje para alcanzar su propio éxito. Hacen falta muchas, muchas velas encendidas para ahuyentar la oscuridad que a veces nos invade.

En este mensaje te hago una invitación para que no te dejes arrastrar por la corriente del individualismo y el egotismo. Hay tantas oportunidades de animar a otros, de apoyar a los compañeros y de fomentar la unidad. Es solo que a veces no vemos esas oportunidades por estar concentrados en nuestros propios intereses.

¿Podremos cambiar la mentalidad que como pueblo tenemos? Tal vez, pero que eso no sea tu preocupación. Que tu preocupación sea qué tienes que hacer tú en lo individual para generar un cambio en tu persona. Como decía Michael Jackson, empieza con el hombre en el espejo.

¿VERDAD O MITO?

Siempre que doy alguna conferencia o curso sobre Trabajo en Equipo, empiezo mostrando la siguiente frase: "Los mexicanos no saben trabajar en equipo. ¿Verdad o Mito?" y les comento que al final de la plática trataré de responder a esta pregunta. Igual trataré de hacer aquí.

Fundada o infundadamente, parece ser que nos hemos ganado esa fama de no saber hacer equipo, la cual ha dado origen a ese mal chiste acerca del hombre que vendía jaibas en la banqueta. Tenía las jaibas vivas en botes tapados, porque de otra manera, se subían unas arriba de otras y se escapaban. Solo uno de los botes estaba sin tapar. Cuando le preguntaban por qué, respondía "no hay problema, esas son jaibas mexicanas; cuando una trata de subir, las de abajo la jalan para que no se salga." Lamentablemente a veces así actuamos.

Entro a Yahoo y me encuentro con unos videos de una señorita que, bajo el seudónimo de "wera supernova", realiza un análisis de la situación actual, política y social, de nuestro país. Me pareció muy bien que una persona joven hiciera un análisis y diera una opinión personal al respecto de ese tema. Sin embargo, me quedé pasmado al ver la cantidad de comentarios negativos que aparecían al calce de los videos por parte de otros usuarios. Desde insultos porque se hacía llamar wera hasta groserías sin sentido y ataques sin ningún fundamento. He ahí una jaiba tratando de subir, y muchas otras tratando de impedirlo.

Esto me hizo pensar en cuán necesario es lo que dice la reflexión que comparto también cuando hablo de este tipo de temas ante un auditorio y que en un fragmento dice: "SE SOLICITAN:

Más personas que inspiren confianza en los demás y menos que arrojen un chorro de agua fría sobre los que han dado un paso en la dirección correcta.

Más personas que enciendan una vela y menos que maldigan la oscuridad."

No es que piense que todos tendrían que estar de acuerdo con lo que decía la wera supernova en sus videos, pero qué distinto sería decirle algo como "no coincido con tu punto de vista, pero te felicito por tu iniciativa" en vez de simplemente insultarla y atacarla.

En lo personal, le mandé un mensaje no solo felicitándola, sino diciéndole que coincidía totalmente con lo que decía y animándola a continuar con esa labor. Hablaba ella de no esperar a que venga un "mesías" a que nos arregle todos los problemas de México, sino empezar en nuestro entorno a cambiar y mejorar las cosas. ¿Habría alguien que pudiera no estar de acuerdo con eso? "Más personas que inspiren confianza en los demás y menos que arrojen un chorro de agua fría sobre los que han dado un paso en la dirección correcta".

"Los mexicanos no saben trabajar en equipo ¿Verdad o Mito?". La respuesta es: DE TI DEPENDE. Trabaja de tal manera que tus jefes digan: "Pues yo no sé si ese dicho sea verdad o sea mito, pero al menos ESTE mexicano, SÍ SABE trabajar en equipo". Actúa de tal manera que seas de los que inspiren confianza, de los que animen a sus compañeros y los ayuden a sobresalir, porque con esa actitud, tarde o temprano e inevitablemente, tú también habrás de sobresalir. Vive de tal manera que seas una vela encendida y no oscuridad para los que te rodean.

Entre más mexicanos nos esforcemos por hacer que ese dicho sea un mito, muchas cosas empezarán a mejorar en nuestro entorno, y como dicen en mi rancho, "otro gallo nos cantará".

Ejercicios de aplicación y reflexión

1. Pregúntate si eres de los que inspiran confianza en los demás o de los que arrojan un chorro de agua fría sobre los que han dado un paso en la dirección correcta. Si eres de los que encienden una vela o de los que sólo maldicen la oscuridad.
2. Evalúa tu interacción con tus compañeros de trabajo o de escuela. ¿Trabajas armoniosamente con ellos o existe mucha fricción? Si es lo último, trata de identificar las causas de por qué ocurre eso.
3. ¿Te alegras con los éxitos de los demás o sientes envidia cuando eso ocurre?
4. Escribe en tu diario diez (o más) compromisos que estés dispuesto a hacer para mejorar tu capacidad de colaborar en equipo con otros, incluida tu propia familia.

16

Steve Covey, en "Los 7 Hábitos de la Gente Altamente Efectiva" comenta que si se trazara una línea recta entre el punto de salida y el punto de destino de un avión, dicha línea representando la ruta más corta entre esos dos puntos, muchos nos sorprenderíamos de saber que, al realizar el viaje, el avión está fuera de ruta, es decir, fuera de esa línea, el 90% del tiempo.

Siendo esto así, ¿cómo es entonces que queriendo llegar el avión a una determinada ciudad no termine en otra totalmente distante? ¿Con qué cuenta el avión para finalmente llegar a su destino deseado? Cuenta con instrumentos, radares, brújulas. El avión despega, recorre un tramo del camino, se empieza a desviar, lo detecta con sus instrumentos, y corrige el rumbo. Y así, hasta llegar a su destino.

En este mensaje hablo de una técnica que en lo personal me ha funcionado como una brújula o radar para identificar cuando me estoy desviando de la ruta, permitiéndome hacer los ajustes necesarios en mi vida para retomar el camino.

Espero que a ti también te sirva para alcanzar tus metas.

OPERACIÓN BRÚJULA

En mi niñez y adolescencia, participé en el movimiento Scout en el grupo 1 de Reynosa. Algunos de mis recuerdos más entrañables provienen de las experiencias vividas en esa organización: la convivencia con amigos que conservo hasta la fecha; las reuniones de los sábados; los campamentos y el contacto con la naturaleza que ahí encontrábamos.

En los campamentos aprendí la utilidad de la brújula. La brújula nos señala el norte y nos ayuda a caminar en la dirección correcta para llegar a donde queremos. A partir de ahí, he identificado un principio y una técnica que yo llamo Operación Brújula.

Queriendo enseñar este principio y esta técnica a mis hijos cuando eran pequeños, recuerdo que una vez los senté en la sala de la casa y les pedí que me acompañaran a la cocina. Cuando se levantan para seguirme, en lugar de caminar para la cocina, camino rumbo al baño. Confundidos, me preguntan qué pasó. Yo hago como que me equivoqué, los vuelvo a sentar y ahora les pido que me acompañen a mi cuarto, pero luego camino para la cocina. Hago esto varias veces y luego les pregunto qué pasó, y me dicen ellos: "Pues que decías que querías ir para un lado, pero caminabas para otro". "Exactamente – les digo - ¿y ustedes cómo se sentían?" "Pues confundidos – me responden – no sabíamos si hacerle caso a lo que nos estabas diciendo o a lo que estabas haciendo". Y entonces les enseñé el principio. Les dije: "A veces, las personas DECIMOS que queremos llegar a algún lado, pero lo que HACEMOS nos encamina en la dirección contraria; entonces, asegúrense siempre de que lo que HAGAN los ayude a caminar en la dirección a la que DICEN que quieren llegar".

Todos dicen que quieren tener éxito ¿no es cierto? Todos dicen que quieren tener una familia feliz. Todos dicen que quieren progresar en su trabajo. Todo mundo DICE eso. Pero no todo mundo HACE lo que tendría que hacer para lograrlo.

La técnica de la Operación Brújula consiste en poner por escrito el destino que quieres alcanzar en cualquier área de tu vida y las cosas que tendrías que hacer para llegar ahí, y luego, a medida que vas viviendo la vida, consultar constantemente ese escrito para saber si estás caminando en la dirección correcta o si estás perdiendo el rumbo, en cuyo caso podrías hacer los ajustes necesarios para retomarlo, tal como se consulta una brújula en el campo para llegar a salvo a tu destino.

En nuestro caso, esa ocasión con los niños les dije: "Bueno, si queremos alcanzar nuestra meta de ser una familia unida, ¿qué tenemos qué hacer para lograrlo?" Y dimos paso a un proceso en el que todos aportamos ideas, aún los más pequeños. Entre otras, surgieron ideas como: Cuidar unos de otros. Controlar el carácter. No gritarnos (a menos que la casa se esté quemando). Corregirnos nuestros errores con amor. Hacer cosas juntos que nos acerquen más, etc. Una vez que terminó la lluvia de ideas, pasé todo a una hoja en la computadora, le pusimos algunas imágenes alusivas, la pusimos en un marco y la colocamos en un lugar visible de nuestra sala. Listo. Nuestra brújula familiar. Más de una vez nos ha ayudado a hacer ajustes para no perder el rumbo de lo que nos propusimos.

Igual funciona para cualquier otra meta. ¿Quieres terminar tus estudios con excelentes resultados que te faciliten luego encontrar un trabajo? Define tu brújula estudiantil. ¿Quieres ser reconocido como un excelente empleado y recibir oportunidades de crecimiento? Define tu brújula laboral. ¿Quieres respetarte como persona y lograr que te respeten y te den tu lugar? Define tu brújula emocional. Y si lo deseas, es válido pedir ayuda a otras personas en la definición de tu brújula, como lo hice yo con mis hijos; te compromete más a seguirla. Y por supuesto lo más importante: Ya que la tengas, consúltala y síguela, de otra manera, andarás, como a veces les digo a mis alumnos, como "zopilote estreñido": planeando, pero no obrando (oops).

Ejercicios de aplicación y reflexión

1. Determina metas en las diferentes áreas de tu vida, haciéndote preguntas como las siguientes:
   a. ¿Con qué resultados me gustaría terminar mis estudios profesionales?
   b. ¿Qué puesto me gustaría alcanzar en mi trabajo?
   c. ¿Qué nivel económico me gustaría alcanzar?
   d. ¿Cómo me gustaría que fuera mi relación con mi pareja?
   e. ¿Con mi familia?

f. Qué sueño me gustaría realizar?

2. Para cada una de esas metas realiza, ya sea solo, en pareja o en familia (según aplique) una lluvia de ideas de lo que tendrías o tendrían que hacer para alcanzar esa meta.

3. Plasma todo eso de manera tangible aplicándole toda la creatividad que te sea posible. Ésa será tu brújula.

4. Coloca tu brújula en un lugar visible o tenla siempre a la mano para que la consultes cuantas veces sea necesario.

5. Si lo deseas, comparte tu brújula con personas importantes en tu vida. Te comprometerá más a seguirla.

6. Periódicamente, evalúa si tus acciones han estado acordes con lo que indica tu brújula.

7. En caso necesario, determina qué ajustes tendrías que hacer en tu vida para retomar el camino, el "norte" que indica tu brújula.

17

"La Vida es Bella", dice el título de una película ganadora del Oscar. Y en las muy conocidas palabras de "Desiderata" dice: "Y sea que te resulte claro o no, indudablemente el universo marcha como debiera".

Mas cuando estamos pasando por problemas o adversidades, es muy fácil no estar de acuerdo con dichas afirmaciones. La vida puede llegar a parecernos sombría, y podemos pensar que el universo, al menos el nuestro, está de cabeza.

Sin embargo, si ampliamos nuestra visión, nos daremos cuenta de que aún las experiencias difíciles forman parte de un engranaje que tiene que existir para que finalmente nuestro universo efectivamente marche como debiera.

En toda adversidad hay un propósito, aunque de momento no lo podamos ver. Es en esos momentos cuando tenemos que poner a trabajar la fe, la certeza de lo que no se ve, tal como la describe la Biblia. Tenemos que confiar en que existe un plan para nuestra vida, aunque de momento no lo podamos comprender, y que el dolor que nos causan ciertas experiencias nos servirán para nuestro progreso. Los fisiculturistas lo expresan con estas palabras: Sin dolor, no hay progreso.

En este mensaje trato de ayudarte a comprender el lugar que ocupa la adversidad en nuestra vida y las bendiciones que podemos recibir si no nos doblegamos ante ella. Y por encima del dolor, porque también lo he sentido, te aseguro que es cierto: La vida es bella. El universo marcha como debiera.

APRENDER SIN DARSE CUENTA

En las dos versiones de las películas de Karate Kid se ilustran situaciones similares; el maestro le asigna al discípulo una serie de tareas desagradables para él y aparentemente sin ninguna relación con el propósito que el joven buscaba: aprender karate.

En la versión de los 80's, el famoso Mr. Miyagi (que por cierto se parecía a un jefe que tuve en Tampico), pone a "Daniel San" a pintar la cerca, a lavar los coches, a pulir el piso. En la versión más reciente, con Jackie Chan en el papel principal y el hijo de Will Smith (Jaden – ah, qué chamaco tan talentoso y carismático) como el discípulo, éste es obligado por horas y días a tirar, recoger y colocar en un poste la camisa del maestro.

En ambos casos, cuando los discípulos ya están hartos de esas actividades, para ellos sin trascendencia, y están a punto de mandar al cuerno a sus respectivos maestros, éstos les hacen ver que los movimientos y reflejos que desarrollaron al tener que repetir incontables veces las citadas acciones son los que necesitaban para ejecutar con precisión el arte marcial que andaban buscando. Habían aprendido karate sin darse cuenta.

Aquí hay una semejanza con la vida real. A veces la vida, a través de experiencias difíciles o incluso desagradables, nos enseña algo sin que nos demos cuenta.

Joseph Addison, escritor y político inglés en el siglo XVIII, dijo: "Nuestras bendiciones verdaderas con frecuencia se nos presentan en forma de penas, pérdidas y desilusiones; sin embargo, tengamos paciencia y pronto las veremos con su forma propia".

Muchas veces tenemos que vivir experiencias que preferiríamos no tener que pasar, el equivalente a las cosas que los maestros de las ya mencionadas películas obligaban a sus alumnos a hacer. En ese momento, cuando estamos pasando la experiencia, es como ver la pieza suelta de un rompecabezas. No sabemos para qué sirve, en dónde va, qué figura va a formar. Sin embargo, si como dice Addison, tenemos paciencia, va a llegar el momento en que podremos ver cómo esa pieza encajaba en la imagen total del rompecabezas de nuestra vida. Es entonces cuando decimos: "Ah, por esto era necesario que pasara yo por esa experiencia". Es cuando descubrimos que aquella experiencia difícil o desagradable me ayudó a desarrollar la sabiduría para resolver ahora otro problema. O me dio la fortaleza de carácter para lograr algo en mi vida. O me dio la experiencia para poder ahora aconsejar o ayudar a un hijo o un amigo. O me dio la fuerza de espíritu para levantarme ante una nueva adversidad. Todo eso, lo aprendimos sin darnos cuenta, y ahora estamos mejor preparados para enfrentar lo que la vida nos presenta.

Siempre aconsejo a mis hijos y a mis alumnos a que no renieguen de la adversidad, porque a través de ella, la vida nos está tratando de enseñar algo. Les digo: "Cuando estén pasando por una experiencia difícil, no se pregunten '¿Por qué?' sino '¿Para qué?' ¿Para qué Dios o la vida me están poniendo esta prueba? ¿Qué necesitan ellos que yo aprenda de esto?"

Estamos inscritos en una escuela de tiempo completo llamada Vida, con maestros a veces tan duros como Mr. Miyagi o como Jackie Chan, solo que en esta escuela se llaman Mr. Problemas o Mr. Adversidad, pero estos maestros, al igual que aquellos, "saben su cuento", y saben lo que tenemos que hacer o pasar para finalmente alcanzar nuestros objetivos en la vida.

En esta escuela, cada día tenemos la oportunidad de aprender lecciones, y a veces nos podrá parecer que las lecciones no tienen sentido. Sin embargo, una lección se repetirá una y otra vez, hasta que la hayamos aprendido. Una vez que la aprendamos, pasaremos a la siguiente lección, como también ocurrió con los chamacos Karate Kid. Cada parte de la vida está llena de lecciones. Mientras estemos vivos, habrá lecciones que aprender.

La matrícula no cuesta en esta escuela. No cuesta dinero. A veces cuesta lágrimas, pero te aseguro que por cada lágrima que tengas que pagar, la vida te compensará con bendiciones verdaderas y con experiencia que te enriquecerá. A ti, y a los "compañeros de escuela" que te acompañen en tu mismo "salón de clases", también llamados "seres queridos".

Ejercicios de aplicación y reflexión

1. Identifica alguna experiencia difícil o dolorosa que hayas vivido en el pasado.
2. Trata de asociar esa experiencia con algo bueno que haya resultado de ella. ¿Te unión más a tu familia? ¿Te hizo más fuerte, más sabio, más prudente, más humilde, más compasivo...?
3. Desarrolla en tu diario la siguiente frase: *"Estoy agradecido de haber vivido esa experiencia porque...".*
4. Comparte con tus seres queridos esa experiencia y los resultados buenos que identificaste de ella.
5. Cuenta tus bendiciones, para que ellas te den la fortaleza de enfrentar la adversidad que en el futuro la vida te presente.

18

Reynosa, Oaxaca, Guadalajara, qué más da.

Lo importante no es dónde nacimos, sino el brillo (o la falta del mismo) que le podemos dar a nuestra ciudad natal con nuestro actuar.

Yo nací en Reynosa, y por eso manifiesto mi compromiso con esta ciudad, pero igual lo puede hacer cualquier persona con el lugar que le vio nacer o el lugar en el que vive.

Dicen que "la cabra tira al monte". Yo salí de Reynosa cuando terminé la preparatoria para ir a estudiar, y me pasé 25 años fuera. Después de ese tiempo volví. La encontré diferente, muy cambiada. El auge de las maquiladoras había extendido sus linderos de manera desproporcionada, y eso trajo consigo también una serie de necesidades que muchas veces las autoridades gubernamentales no alcanzan a satisfacer.

En esas circunstancias, las carencias se ponen más de manifiesto y es muy fácil sentir inconformidad. Nuestra zona de preocupación aumenta. Pero, tal como enseña Steve Covey en "Los 7 Hábitos", es importante concentrarnos en nuestra zona de influencia, aquella en la que podemos generar un cambio o mejora

¿Y con qué contamos principalmente para provocar ese cambio? Con nuestros talentos y habilidades. Es cuestión de ser creativos y encontrar maneras de utilizarlos en bien de nuestra comunidad. Este mensaje expresa la manera que yo encontré. Te invito a ti a encontrar tu propia manera.

MI COMPROMISO CON REYNOSA

Hace 5 años, un candidato a la alcaldía de Reynosa convocó a un concurso llamado "Mi compromiso con Reynosa es...", en donde en un espacio corto, menor a una cuartilla, quienes así lo quisiéramos, debíamos expresar cuál era el compromiso que sentíamos con nuestra ciudad.

Las participaciones se agruparon en cinco categorías: Niños, Jóvenes, Amas de casa, Trabajadores y Maestros y se recibieron en total más de veinte mil aportaciones.

Como ya se imaginarán, me apunté para participar en la categoría de maestros. Tuve la bendición de obtener el primer lugar en dicha categoría. A continuación me gustaría compartir el escrito con el que participé. Dice así:

"Mi compromiso con Reynosa es...amarla como mi padre me enseñó a hacerlo. Mi padre, como dice la canción de Mi Viejo, creció con el siglo. Él nació aquí en 1900 y en 1929 (a los 29 años de edad) llegó a ser presidente municipal. Si algo recuerdo de él, es cómo amaba a esta ciudad, y ese amor pasó de ese hombre, que a los 60 años tuvo su primer hijo varón, al corazón del niño que yo fui.

De él, y de sus historias contadas conmigo sobre sus rodillas, caminando de su mano siendo yo pequeño, los domingos por la tarde en algún paseo al parque, aprendí a amar a esta ciudad noble.

Por eso mi compromiso es seguirla amando así, porque cuando uno ama algo (una persona, una ciudad, una profesión, etc.) se interesa por mejorarla.

Mi compromiso es usar los dones y talentos, pocos o muchos, que Dios me dio, para mejorar esta ciudad.

Me dio el don de la enseñanza. Lo usaré para formar jóvenes no solo en el aspecto académico, sino complementando su formación con principios y valores que les ayuden a ser ciudadanos útiles y competitivos.

Me dio el don de la comunicación. Lo usaré para capacitar la fuerza laboral de esta ciudad, tratando de desarrollar en ella habilidades y actitudes para mejorar su ambiente de trabajo y alcanzar su realización personal y profesional.

Me dio el don de amar esa unidad tan importante para la sociedad, la familia. Lo usaré para transmitir, en todo foro posible, mensajes que den fortaleza a sus miembros, sabiendo que la fuerza de Reynosa está estrechamente ligada a la fuerza y unidad de las familias que en ella habitan.

En fin, mi compromiso con Reynosa es: Dar lo mejor de mí para que, unido al esfuerzo de otras personas que también la aman y se interesan en ella, unamos fuerzas y tratemos de dejar esta ciudad en mejores condiciones que como la encontramos."

En la ceremonia de premiación se me solicitó dar algunas palabras en nombre de todos los participantes, y ahí, entre otras cosas, agregué:

"¿Qué sigue ahora? Hemos ya expresado nuestro compromiso con Reynosa. Queda ahora la responsabilidad de nuestro lado de no permitir que las palabras expresadas se queden solo en eso, sino que con entusiasmo y pasión las llevemos a la práctica. Reynosa y nuestros hijos lo merecen. Reynosa y nuestros hijos lo agradecerán. Vamos todos a comprometernos con Reynosa. Vamos todos a actuar por Reynosa. Compromiso y acción harán la diferencia."

Independientemente de la ciudad donde vivamos, pienso que todos podemos comprometernos a hacer algo por mejorar ese lugarcito donde nos tocó vivir.

Es muy fácil quejarnos de lo que nos hace falta y extender la mano para pedir, pero mucho ayudará a nuestras comunidades el que hagamos algo más, dentro de nuestro radio de acción y de las habilidades que tengamos. John F. Kennedy, en una de sus frases más conocidas, lo expresó así: "No te preguntes qué puede hacer tu país por ti, pregúntate qué puedes hacer tú por tu país".

De todo corazón te invito a que identifiques los dones que Dios te dio (y no se vale decir "yo llegué tarde a la repartición de dones", todos tenemos cuando menos uno que nos hace especiales) y encuentres la manera de utilizarlo para mejorar tu ciudad, porque de esa manera, estarás mejorando también tu propia vida.

Ejercicios de aplicación y reflexión

1. Anota en tu diario los dones y talentos que tienes, aquello para lo que eres bueno.
2. Para cada uno de ellos, identifica cómo lo puedes aplicar para hacer algo en bien de tu comunidad.
3. Describe las cosas buenas que tiene la ciudad donde vives. Siempre que puedas, sácalas a relucir.
4. Cuando tengas oportunidad, ofrécete para prestar algún servicio comunitario.
5. "Ponte la camiseta" de tu ciudad. Defiéndela. Siéntete orgulloso de ella. No te dejes confundir por las cosas negativas que pudiera tener.
6. No dejes de observar lo negativo, pero bajo un enfoque de lo que tú puedes hacer para mejorarlo.

19

Éste es un homenaje que rindo a mi padre, un viejo hermoso que en vida nunca aprecié en todo lo que valía.

Y seguramente ésta es la historia de muchas personas. Entonces, con estas palabras trato de motivar a los hijos a que reconozcan la labor de un buen padre, y a que en vida les demuestren ese aprecio y ese amor que estos padres se ganan.

Y al igual que en el mensaje en que hablaba de mi madre, me gustaría invitar a todos los padres a que vivieran su vida pensando en lo que les gustaría que se dijera de ellos cuando ya no estén. Me gustaría invitarlos a que escriban su epitafio y luego vivan para hacerlo realidad.

¿Qué recuerdos nos gustaría dejar en nuestros hijos? ¿Qué recordarán ellos de nosotros? ¿Recordarán que los animábamos o que solo los regañábamos? ¿Recordarán que pasábamos tiempo con ellos o que solo teníamos tiempo para el trabajo?

En otro mensaje hablaba también de las cadenas generacionales. Ojalá que nuestra forma de vida deje enseñanzas que alcancen para llegar a muchas generaciones después de nosotros.

MI VIEJO

Mi padre era un gran tipo. Desafortunadamente, como muchas veces pasa, eso lo aprecié plenamente hasta que me tocó a mí el turno de tener un hijo propio en mis brazos, y para entonces, él ya se había ido de mi lado.

A mis hijos les platico mucho de su abuelo y ellos han aprendido a amarlo y admirarlo aunque no lo hayan conocido. En el diario de Dianita, bajo la fecha 2 de diciembre de 1987, aparece una foto de ella, entonces de año y medio, y luego le escribí:

"Cómo me hubiera gustado que te conociera mi papá. Se hubiera vuelto loco de felicidad contigo, tal como ocurre con mamá, pero en fin, sé que él te conoció en el cielo antes que yo, y quizá fue él quien te imbuyó de ese gran amor que ahora nos contagias. Dianita: aunque mi padre y tú fueron dos generaciones que no llegaron a juntarse, quiero que sepas desde ahora que él fue un gran hombre y que, aunque ya no está con nosotros, me inspira en gran manera sobre cómo educarte. Ojalá que pueda yo enseñarte a amarlo como yo lo hago, y a respetarlo y a valorar las enseñanzas que nos dejó, para que cuando estemos juntos nuevamente, le des todo el amor que por ahora no le puedes dar. Y a propósito de él, me gustaría contarte una anécdota que me platicó una vez mi madre de cuando mi hermana, Alicia, era pequeña:

Tenía ella aproximadamente cuatro años, mi papá trabajaba en ese entonces en Tabasco. En una ocasión le mandó desde allá una muñequita. Ella, obviamente, estaba fascinada con su muñeca y la cargaba consigo a todas partes. Pero llegó el 15 de septiembre y quiso mamá llevarla a la plaza a ver el festival y los cohetes del día de la independencia. Pues resulta que va dejando olvidada su muñequita en el camión; cuando se percataron de eso, ya era demasiado tarde. Y haz de cuenta que a Alicia se le derrumbó el mundo: '¡Mi muñequita! ¡La muñeca que me regaló mi papá!' lloraba desconsolada. Pero en fin, ya nada se podía hacer.

El fin de semana hablan por teléfono mis papás y ella le platica lo que ocurrió. Tres días después llegó a la casa un paquete procedente de Tabasco, dirigido a la niña Alicia Tárrega Guerrero. En el interior venía una muñeca exactamente igual a la que había perdido, acompañada de una carta, también dirigida a

Alicia, quien pronto le pidió a mamá que se la leyera. Decía más o menos así:

'Querida hijita: Fíjate que el día 15 en la noche andaba yo por la plaza, viendo el festival de la independencia. De pronto, sentí que alguien me jalaba del pantalón; me agaché a ver quién era y vi que era esta muñequita. Le pregunté qué quería y me pidió que la ayudara, me dijo que tenía hambre y frío y que estaba muy asustada. Me explicó que ella vivía en Reynosa con una niña muy buena que quería mucho, pero que la había llevado a la plaza a ver también el festival y entre tanta gente se había perdido. Que sin darse cuenta se había montado en un cohete y que así había venido a dar hasta acá, pero que extrañaba mucho a su niña y me pedía que la regresara con ella. Te la envío porque yo supe inmediatamente que esa niña buena eras tú.'

Todavía conserva mi mamá esa carta entre sus más amados tesoros.

¿Te das cuenta, hijita, cuánto amor pudo haberte dado tu abuelo? Ámalo por favor tú también, ámalo y nunca olvides que desde el cielo él siempre te estará cuidando."

Ese era mi padre. Mi viejo, que literalmente y como dice la canción, creció con el siglo, pues nació en 1900 y en el otoño de su vida, a sus 60 años, "se aventó el tiro" de traerme a este mundo.

Muchas cosas me enseñó, la mayoría de ellas sin palabras, solo con su ejemplo. El valor de la honradez, de la generosidad, de la amistad, de la lealtad. De cuidar a su familia. El valor de las lágrimas, que solo una vez lo vi derramarlas y, por lo mismo, no lo olvido. Nuestra diferencia de edades no facilitó mucho la comunicación entre nosotros mientras él vivió, pero sin darme cuenta, él estaba grabando grandes enseñanzas en mi corazón. Enseñanzas que tampoco olvido.

Gracias por todo papá, y feliz día del padre, allá donde estás. Recibe un abrazo virtual, mismo que te intercambiaré por uno real el día que nos volvamos a ver.

Ejercicios de aplicación y reflexión

1. Si tienes a tu padre todavía contigo, deja este libro a un lado, ve con él y dale un abrazo fuerte; agradécele por haberte traído a este mundo y por todo lo bueno que te ha dado.
2. Si eres tú un padre, escribe en tu diario las cosas que te gustaría que tus hijos recordaran de ti.
3. Escribe qué enseñanzas te gustaría dejarles a tus hijos.
4. Vive de tal manera que hagas realidad lo que escribiste en los dos puntos anteriores.
5. Vive de tal manera que tu familia quiera estar contigo en la eternidad.

20

Este mensaje lleva un solo objetivo: Invitarte a reflexionar sobre la bendición de tener a tus seres queridos contigo, y aprovechar el tiempo, mientras estén aquí, para mostrarles tu cariño y la importancia que tienen para ti.

En la sesión del diplomado de padres a que hago referencia en este mensaje, pasé también un video en donde se ve a un padre que, mientras va manejando, va pensando:

"Yo quería más tiempo. Tiempo para decirle a mi hijo que yo lo amo más que a cualquier otra cosa. Tiempo para entenderlo mejor. Para escuchar sus opiniones. Para poder hablar con él. Yo quería más tiempo para hacer lo que nunca hice. Para animarlo en sus sueños. Para acompañarlo a sus conciertos. Tiempo para amarlo más."

Se ve entonces en el video que el padre tiene un accidente y muere, y cierra con estas palabras:

"No esperemos mucho tiempo para decirle a nuestros seres queridos lo que sentimos por ellos. Podría ser demasiado tarde..."

A veces damos por hecho que nuestros seres queridos siempre van a estar ahí, pero la vida es efímera, por lo que es entonces importante que aprovechemos el tiempo que se nos obsequia y les expresemos y les demostremos a ellos que les amamos. Para que nunca tengamos que decir: "Ojalá me hubiera dado el tiempo para hacerlo".

VIAJANDO EN EL TITANIC

El sábado pasado, en el diplomado para padres que imparto en la UTT, tratamos el tema de Administración del Tiempo y Comunicación, y hablábamos de la importancia que tiene el que como padres provoquemos que exista el tiempo para convivir con nuestros hijos y el tender lazos de comunicación con ellos.

En estos tiempos hay muchas cosas que demandan la atención de ellos, los hijos, pues ya no es solo la escuela y sus deberes, ahora es también el facebook con su alta capacidad de absorber el tiempo, la televisión con su elevado número de canales y otras actividades que hacen que las agendas se llenen y a veces no quede tiempo para cosas sencillas pero importantes como el convivir como familia, platicar con ellos de lo que les inquieta, les preocupa, les interesa y demás. De ahí la importancia de, como lo dije antes, provocar momentos de comunicación. Si esperamos a que esos momentos lleguen solos, lo más probable es que no lleguen, y dejaremos ir valiosas oportunidades de fortalecer los vínculos de unión con ellos.

Al final de esta sesión del diplomado, les puse a los padres una dinámica que llamé "Viajando en el Titanic". Puse la canción de Celine Dion, tema de la película del mismo nombre y les pedí que imagináramos que íbamos todos en el viaje inaugural (y único) de esta embarcación. Yo era el capitán. Les di la bienvenida, los invité a ponerse cómodos, a disfrutar del viaje y de las muchas comodidades que ofrecía este barco el cual en su momento se dijo que ni Dios lo podía hundir.

Pasados ya supuestamente algunos días, reúno a todos los "pasajeros" para darles la triste noticia de que el barco había sido golpeado por un iceberg causando un daño irreversible en su estructura, que no había suficientes botes salvavidas para todos (se pensó que nunca se iban a tener que utilizar), por lo que muy probablemente muchos de nosotros no lograríamos sobrevivir. Les dije que se había dispuesto que el que quisiera hacerlo, podría escribir una carta a quien él o ella quisieran, y que dichas cartas se pondrían en un compartimiento a prueba de agua, por lo que seguramente llegarían a su destino, y les di tiempo para que escribieran esas cartas. Algunos padres estaban llorando mientas escribían.

Cuando terminaron de escribir, les pedí que compartieran lo que habían escrito. Algunos lo pudieron hacer, otros no por la emoción. Tuve yo que leer algunas de las cartas. Todas fueron palabras hermosas dirigidas por lo general a sus hijos. Entonces les di la siguiente asignación como tarea: "Entreguen esa carta a su destinatario. No esperen a estar en una situación así para decirles a sus hijos lo que sienten por ellos. Explíquenles en qué consistió la actividad, denles las cartas, díganles que los aman y descríbanme su experiencia por escrito". Estoy impaciente por que llegue la siguiente sesión, porque estoy seguro que escucharemos de hermosas experiencias al haber cumplido esta asignación.

Dicen que las palabras más tristes que hay en el diccionario son: "Ojalá hubiera..."

"Ojalá le hubiera dicho a mi padre que lo amaba". "Ojalá hubiera platicado con mi hijo hace tiempo". "Ojalá me hubiera dado el tiempo para...". "Ojalá...ojalá...ojalá..."

Ojalá que nunca tengas que decir esas palabras. No esperes a que a ti o a tus seres queridos les llegue su Titanic, o su 11 de septiembre o cualquier situación que los lleve a un punto del que no puedan regresar. Cada día que pasas y tienes a tu lado a tus seres queridos, es una maravillosa oportunidad de agradecer a la vida por tenerlos, y de expresarles a ellos lo que sientes.

Hay tres cosas que una vez que pasan no regresan: las palabras, las acciones y las oportunidades. Las palabras que dices no las puedes desdecir. Las acciones que realizas no las puedes borrar. Las oportunidades que no aprovechas no las puedes regresar.

Así que te invito a aprovechar la oportunidad de demostrar con tus acciones y de expresar con tus palabras el amor que sientes en tu corazón, porque el peso de no hacerlo, con el tiempo, puede ser tan grande, que provocaría que hasta el mismo Titanic se volviera a hundir.

Ejercicios de aplicación y reflexión

1. Piensa cuándo fue la última vez que le dijiste a tus seres queridos que los amabas. Que se los dijiste individualmente, no a todos en grupo.
2. Encuentra alguna manera creativa de decírselos y/o demostrárselos (también individualmente). Por ejemplo:
   a. Escríbeles una carta o una tarjeta.
   b. Invítalo(a) a tomar una nieve para platicar sin interrupciones.
   c. Acompáñalo(a) a ver una película que a él o ella le guste.
3. En tu agenda semanal, programa un tiempo específicamente dedicado para convivir con tus seres queridos (a veces individualmente, a veces en grupo) y fortalecer tus lazos de unión con ellos.
4. Agradece a Dios y a la vida cada día por tener a esos seres queridos. Con relación a los que ya han partido de este mundo, agradece por haberlos tenido y por lo que significaron en tu vida.

21

El matrimonio parece a veces obsoleto, artículo fuera de moda.

Cuando algún alumno o alumna me dice que ya se casó, le tengo que preguntar si efectivamente se casó, o nomás "se arrejuntó". Porque esa es ahora la tendencia en muchos casos.

"¿Para qué queremos el papel?" "El amor debe ser libre", son muchos de los argumentos que escucho en este tiempo.

Respeto las decisiones de cada quien, pero soy un firme defensor del matrimonio. Ciertamente no es fácil edificar un matrimonio exitoso, sobre todo con las tendencias actuales y los ataques que esta institución recibe, pero pienso, por mi experiencia, que un matrimonio bien llevado es la fuente de un gozo como pocas otras cosas nos lo pueden dar.

Así que para los que siguen pensando así y siguen creyendo en el matrimonio, va este mensaje. Los que no, pueden brincarse al siguiente.

EL MARTILLAZO Y OTROS CONSEJOS

Hace días tuve oportunidad de platicar con un joven amigo que está por contraer matrimonio y que tuvo a bien buscarme para pedirme que le compartiera algunos consejos.

Ya después que platiqué con él y nos despedimos, me asaltó una duda.

En este tiempo, pareciera a veces que el matrimonio ha pasado a formar parte de los muchos productos desechables que nos invaden. Si no me gusta, lo tiro. Si me canso de él, lo tiro. Si ya no me sirve, lo tiro. Y ya parece canción de Pedro Infante (tírolo tiro, tiro liro liro, tírolo tiro tiro liro la).

Se cuenta de un par de jóvenes casaderos que entraron a una joyería para escoger sus argollas de matrimonio y dijeron: "Escojamos unos anillos económicos, después de todo es apenas el primer matrimonio para los dos". Y hubo otro joven que dijo: "Esto del matrimonio es algo que se tiene que pensar muy bien, porque es un compromiso a largo plazo; tres o cinco años es un tiempo bastante largo".

Entonces, la duda que me asaltó es si este joven amigo mío esperaba que le diera consejos sobre cómo lograr que esos tres o cinco años no le parecieran tan largos.

Si era así, lo decepcioné, porque yo me enfoqué en darle consejos para que su matrimonio fuera, no "water resistant" como dicen algunos relojes, sino "time resistant", resistente al tiempo.

Entre otras cosas, le di un consejo que yo llamo "El Martillazo". Le dije: "Cuida a tu esposa, protégela, no abuses de ella. Si llegaras algún día a gritarle, o peor aún, a abusar de tu fuerza física, imagina que en ese momento, al hacerlo, te estuvieras dando un martillazo en un dedo. Así te debería de doler el abusar física o emocionalmente de tu esposa". Se me hace que si aplicáramos esto literalmente, iba a haber varios que iban a traer las manos como guante de béisbol: hinchadas, hinchadas de tanto martillazo que se daban.

Le dije además que para mí, no es coincidencia que a nuestra compañera se le llame "esposa", así como esas argollas de hierro que utilizan los policías. "Estamos – le dije a mi amigo – inseparablemente unidos a ellas. Entonces, si yo tomo a mi esposa y la impulso hacia arriba, es decir, si la ayudo a crecer como persona, yo mismo estaré creciendo y yendo hacia arriba. Si la tomo y la aviento hacia abajo, si la denigro o la humillo, yo mismo me estoy hundiendo".

JESÚS TÁRREGA GUERRERO

Le dije también: "Una cosa es segura en su matrimonio: Van a tener retos que enfrentar, problemas que superar. Esos problemas, una de dos, o los van a hacer que se unan más como pareja, o los van a hacer que se dividan, pero iguales no quedan después de pasar por un problema. Dependiendo de cómo enfrenten ese problema, su relación se verá fortalecida, o quedará debilitada. Si cuando llegue un problema, económico o de cualquier índole, se empiezan a gritar y a recriminar – 'es que tú...', 'es que yo...', 'tú nunca...', etc. – la relación se va a lastimar. Si se toman de la mano, platican tranquilamente de la situación, analizan posibles soluciones y juntos determinan la manera de enfrentarlo, entonces el problema no será tal, sino una oportunidad de crecer juntos". Gordon B. Hinckley, un sabio líder dijo en una ocasión: "Cuando la voz se mantiene suave, los problemas de una u otra manera se resuelven, pero cuando elevamos la voz, pequeñas migajas de diferencia se convierten en grandes montañas de conflicto".

Por último, le dejé de tarea analizar el contenido completo de Proverbios 5 en la biblia, que en parte dice: "Alégrate con la mujer de tu juventud; sus caricias te satisfagan en todo momento, y en su amor recréate siempre".

De "huerquillo", me gustaba leer los refranes que le escribían a mi hermana sus compañeros de escuela en esas libretas que usaban para autografiarse entre ellos cuando terminaban la secundaria. Uno de esos refranes decía: "El amor es una locura que solo el cura lo cura, y cuando el cura lo cura, comete una gran locura". Estoy convencido que no tiene que ser así. Con la actitud adecuada, nuestro matrimonio puede llegar a ser "a prueba de tiempo".

Ya al despedirnos le dije a mi amigo: "Ahí luego me mandas a tu novia; para ella también tendría algunos consejillos". Si me la manda, luego les platico lo que le dije a ella.

Ejercicios de aplicación y reflexión

1. Si llegaste hasta este punto, supongo entonces que eres de los que sigues creyendo en el matrimonio, así que los ejercicios irán encaminados a aplicarlos en tu presente o futuro matrimonio (futuro, suponiendo que ahora estás soltero, no porque te esté invitando a que te divorcies y te vuelvas a casar).

2. Si eres soltero(a), escribe en tu diario cómo te gustaría que fuera tu relación con tu futuro cónyuge. Sobre qué principios (p. ej.: el amor, el respeto, la confianza, etc.) te gustaría que estuviera cimentado tu matrimonio.

3. Si eres casado, analiza cómo es tu relación con tu cónyuge. Anota los puntos fuertes de tu matrimonio y en qué aspectos te gustaría que mejorara.

4. Pídele a tu cónyuge que haga lo mismo, comparen luego sus anotaciones y saquen una sola lista de puntos fuertes y puntos débiles.

5. Comenten y anoten qué está dispuesto a hacer cada uno para mejorar en las áreas de oportunidad que detectaron.

6. Si eres soltero(a), haz un ejercicio similar a los puntos anteriores, pero en base a lo que escribiste en el punto 2. Determinen como pareja qué están dispuestos a hacer cada uno para lograr el matrimonio que desean. Solo asegúrate que el otro realmente está planeando casarse contigo. No lo vayas a asustar y nomás vaya a dejar los rayones donde salió corriendo.

22

¿Pues cómo que nomás para los varones? Para las mujercitas también hay consejos y aquí van.

El matrimonio es cosa de dos, y el compromiso para que éste funcione tiene que ser también de los dos. Cuando solo uno pone de su parte, la cosa no funciona.

La mujer representa por lo general la parte sensible del matrimonio. Es, por así decirlo, "el corazón del hogar", y cuando esa sensibilidad se une a un hombre que la protege, entonces ambos pueden lograr juntos resultados extraordinarios.

Termino este mensaje con un testimonio personal: la convicción de que realmente un matrimonio puede funcionar y hacer dichosos a sus integrantes. Claro que no es fácil, pero nadie dijo que lo sería. Sin embargo, el esfuerzo vale la pena.

Este mensaje es el complemento del anterior, y por lo tanto los ejercicios de aplicación y reflexión serían los mismos.

EL MARTILLAZO – PARTE II

¿Pues qué creen? Que mi amigo, el futuro consorte, del que les platiqué la vez anterior, sí me mandó a su novia para que se la sermoneara, perdón, para que se la aconsejara en cuanto a estos menesteres del matrimonio.

Ahí les va lo que le dije, y recordemos que eran consejos para tratar de lograr un matrimonio "a prueba de tiempo", no aptos para quien considera el matrimonio un producto "desechable".

El primer consejo que le di, es el que doy a muchas de mis alumnas: "Antes del matrimonio hay que tener los ojos bien abiertos, y después del matrimonio, hay que tenerlos medio cerrados".

Antes de darle el sí al mono, hay que tener los ojos bien abiertos para ver cómo es realmente la persona, si tiene buenos principios, si realmente tendré posibilidades de ser feliz viviendo con él. No cegarnos ni decirle que sí solo porque tiene buena posición económica o porque me alborota la hormona o al contrario, porque me parece que no hay más o porque siento que ya se me está pasando el tren.

Después del matrimonio hay que tener los ojos medio cerrados para no estar tan atentas a ver los defectos que tiene la persona y que por lo general se empiezan a notar cuando vivimos juntos. Que si ronca, que si le huelen los pies, que si es desordenado...no se desespere, usted también tiene lo suyo.

Otros consejos para mi amiga (y lo que digo a una lo digo a todas):

"Aguante vara". Sea paciente. No espere que su marido le dé inmediatamente las comodidades o lujos que a sus padres les tomó años poder brindarle. Anímelo a dar su mayor esfuerzo siempre, pero no le exija cosas materiales a tal grado que lo orille a tomar malas decisiones que luego salen más caras. Cuando compramos nuestra primera casa propia, el esfuerzo económico provocó que por un buen tiempo no tuviéramos sala. Nos sentábamos mi esposa y yo en el suelo a platicar o a ver la tele y tan felices. No pasaba nada.

Sea su mejor animadora y su fan número uno, en tanto que realmente él esté dando su mejor esfuerzo. Eso es algo que realmente agradezco de mi esposa, que ella nunca ha perdido la fe en mí, aunque hubo momentos en que pareció que yo sí llegué a perder la fe en mí mismo. Conviértase en esa gran mujer que llegue a ser el detonador de los éxitos de un gran hombre: su marido. No lo vea como lo que es, sino como lo que puede llegar a ser.

Trátemelo bien, nada de "ándale inútil, muévete". No lo orille a tener que solicitar su afiliación al Club de Maridos Oprimidos. El trato debe ser de igual a igual. Ah, y por favor absténgase de querer ser usted la que le dé los martillazos. Eso solo tenderá a empeorar las cosas.

Y a propósito de inútil, no le haga tanto caso a Paquita la del Barrio. Nada de que "pobre pistolita" o de que "tres veces te engañé", etc. Ya si él con sus acciones se gana a pulso el título de rata inmunda, pues entonces sí suéltele todo el repertorio (es broma).

Algo más: la mujer contribuye en gran parte a mantener viva la llama del amor. Hágalo. Dicen que el éxito en el matrimonio consiste en enamorarse varias veces, siempre de la misma persona. Y también se dice que el matrimonio es como una hoguera de campamento: ambos se enfrían si no se les atiende. Provoque siempre que existan momentos para ustedes dos solos, como pareja, incluso (y tal vez con mayor razón) cuando ya han llegado los hijos. Póngase bonita para él. Evite lo más posible que la encuentre con un aspecto tal, que lo haga sentir que en lugar de llegar a su casa llegó a la vecindad del chavo y se topó de frente con Doña Florinda. Cuando eso ocurra, entonces dese usted el martillazo.

Con todos estos consejos, espero que mis amigos logren un matrimonio feliz y duradero. Y solo me resta agregar un testimonio: Por encima de lo que digan las tendencias contemporáneas, hay una gran fuente de dicha en un matrimonio unido. Al menos, esa ha sido mi experiencia.

23

¿Cuántas veces no hemos escuchado a alguna persona mayor decir: "Ya estoy muy viejo para..."? y completan la frase con cosas como "aprender, emprender un proyecto, realizar un sueño, etc.

Tuve la bendición de convivir con un grupo de hombres de cabello blanco, con los cuales comprobé que la aseveración anterior no tiene razón de ser.

Los miembros de la Sociedad de Historia de Reynosa, a los que me refiero en la siguiente columna, están llenos de proyectos en bien de su ciudad, de sueños que están en proceso de alcanzar, de habilidades que han desarrollado a lo largo de los años. Son hombres que han sabido evitar caer en el derrotismo y el conformismo. Hombres inquietos con una energía que ya la quisiéramos a veces personas mucho más jóvenes que ellos.

"No hay fecha de caducidad para seguir siendo útiles a la sociedad en que vivimos", expreso en esta columna. Eso fue una de las muchas cosas que me dejó el haber convivido con estos hombres, llenos también de la sabiduría que la experiencia de sus años les ha dejado, pero también del entusiasmo para seguir soñando y de la fuerza para continuar en la permanente batalla que la vida nos planta cuando de alcanzar los sueños se trata.

Hay en ellos, un buen ejemplo a seguir. El ejemplo de, como leí en alguna ocasión, no agregar años a nuestra vida, sino agregar vida a nuestros años.

SOÑANDO AL ATARDECER

Hace unas semanas recibí un muy gentil correo electrónico de Don Rigoberto De la Viña Cantú, distinguido caballero reynosense ampliamente conocido en estas tierras.

En ese correo, Don Rigoberto amablemente comenzaba felicitándome por esta columna y posteriormente hacía referencia a lazos de amistad y de trabajo que le unieron con mi padre, Jesús, y con mi tío Manuel, refiriéndose a ellos también con palabras muy gratas que de corazón le agradezco.

Tuvo a bien, por ese mismo medio, solicitarme que acudiera al archivo municipal para que me obsequiaran uno de los libros que ha escrito, Relatos y Testimonios, de lo cual inmediatamente le tomé la palabra y ya he empezado a disfrutar su lectura. Un libro de gran valor y joya para quienes amamos a Reynosa y nos interesa conocer su evolución, particularmente en lo que se refiere a la actividad petrolera en esta región.

Finalmente, me hizo una atenta invitación para acompañarle en la reunión que días después llevarían a cabo los miembros de la Sociedad de Historia de Reynosa en conocido hotel de esta ciudad. Me felicito a mí mismo por haber organizado mi tiempo para poder atender esta invitación de mi amigo Rigoberto. La experiencia fue enriquecedora y, en los pocos minutos que conviví con estos señorones aprendí muchas cosas que ahora me gustaría rememorar.

Nada más llegar al lugar de la reunión, lo primero que percibí fue un ambiente de camaradería y fraternidad entre los asistentes, la mayoría de ellos de cabello blanco. Mientras se degustaban los platillos preparados para la ocasión, abundaron las pláticas, los comentarios, las bromas, las risas. Tal vez tenía yo la idea de que la reunión sería demasiado formal, pero aquello parecía más bien una reunión de amigos de la secundaria, llena de entusiasmo y alegría. Aprendí que en todo momento se puede vivir con pasión, disfrutando enormemente lo que hacemos.

Me tocó sentarme al lado de Don Carlos González, autoridad en el medio boxístico de la región, y me permitió ver su libro, El Boxeo en Reynosa. Al hojear las primeras páginas, veo el nombre de mi padre en esas líneas. Me explicó él que mi papá, siendo presidente municipal, fue quien autorizó la primera pelea de box en la ciudad. Sentado al lado de Don Carlos estaba Don Guillermo Benavides. Traía consigo las páginas de un proyecto de libro que está buscando publicar, éste con el tema del béisbol en nuestra ciudad. Como un padre orgulloso que muestra su bebé, me enseñó su obra, con el diseño de la portada escrito a mano por él mismo. Aprendí que cuando hacemos lo que amamos, el trabajo no es trabajo, sino fuente de placer.

Ya entrados en el programa del día, el director de la asociación, Don Carlos Nuño Robles hizo una presentación excelente a la que llamó "Crónica en la Nube", la cual se puede disfrutar en la página web de la asociación, sociedaddehistoriadereynosa.com, y en donde describía la evolución de la crónica desde sus vestigios más remotos hasta la actualidad, en donde las modernas tecnologías (como la llamada "nube") nos ayudan a preservar nuestros registros.

Tiempo me faltaría para hablar de los propósitos de la sociedad, de su filosofía, de los magníficos eventos que han organizado. Para quien desee conocer más de lo que hacen, ahí está ya la referencia a su página. Lo que quiero resaltar es lo que estos hombres me enseñaron.

Me enseñaron que no hay fecha de caducidad para seguir siendo útiles a la sociedad en que vivimos. Me enseñaron que nuestro paso por aquí puede ser efímero, pero nuestro legado puede ser eterno. Me enseñaron que el niño que llevamos dentro, nunca muere. En los ojos de cada uno de esos hombres pude ver a ese niño, lleno de fantasías e ilusiones, y pude ver a hombres que siguen luchando por los sueños que ese niño sembró en ellos.

Metafóricamente hablando, a veces nos referimos a nuestros últimos años como el atardecer de nuestras vidas. Gracias a éstos, mis nuevos amigos, por demostrarme que aún en ese tiempo se puede vivir con ilusiones. Gracias por recordarme que nunca es tarde para perseguir los sueños. Gracias por enseñarme que se puede vivir soñando al atardecer.

Ejercicios de aplicación y reflexión

1. Escribe en tu diario cómo te gustaría vivir tu vida al atardecer de la misma.
2. Incluye en la reflexión anterior, qué actividades te gustaría realizar en ese tiempo para que esos años estén llenos de vida.
3. Piensa en algún sueño que tal vez abandonaste demasiado pronto, pensando que ya eras "demasiado viejo" o que ya era "demasiado tarde" para seguir con eso.
4. ¿Existe la posibilidad de aplicarle RCP ("reanimación cardiopulmonar") a ese sueño para que reviva?
5. ¿Te entusiasma todavía el pensar que ese sueño pudiera realizarse?
6. Si así es, dale el RCP y una vez que salga de Cuidados Intensivos, continúa trabajando en él, no dejes que se pudra dentro de ti, porque ya sabes lo que sucede (ver mensaje "¿Puede un sueño morir de frío?").
7. Si ya eres una persona mayor, busca la chispa que encienda tu entusiasmo por algo y contagia a los demás de ese entusiasmo.

24

En este mensaje trato el tema de la empatía y de sus beneficios para las relaciones interpersonales.

A veces relacionamos la inteligencia con los resultados que obtuvimos en la escuela y decimos que "el de puro 10" era el (la) más inteligente del salón.

Sin embargo, hay otros tipos de inteligencias que son igualmente importantes y que muchas veces contribuyen más a que una persona tenga éxito en la vida.

La inteligencia emocional es una de ellas, y la capacidad de ser empáticos es una de sus manifestaciones más importantes también.

La empatía brinda beneficios en el hogar, ayudando al entendimiento y la comunicación entre la pareja y con los demás miembros de la familia.

Brinda beneficios en la escuela, facilitando un mayor compañerismo que nos permite la creación de lazos de amistad que pueden durar muchos años.

Brinda beneficios en el trabajo, ayudando a encontrar maneras más efectivas de resolver conflictos.

Y brinda beneficios en la comunidad, permitiendo crear sociedades más fraternas, más interesadas en el bien común.

Por todo ello, te invito entonces a ser una persona empática.

COPA TRAS COPA

No, no me voy a poner etílico ni a hablar de canciones de Pedro Infante ("Copa tras copa, botella tras botella..."). De lo que voy a hablar ahora es de algo muy diferente.

En casa, mi hijo menor, Manuel Alejandro (13 años), a diferencia de todos los demás miembros de la familia, es lo que podría definirse como "un apasionado del fútbol". Juega fútbol, ve fútbol, lee fútbol, sueña fútbol. Todo lo que tiene forma redonda, tiende a patearlo (espero no engordar mucho, no me vaya a querer agarrar a patadas). Cuando no hay más, agarra una pelotita de esponja y ahí la anda pateando por toda la casa.

A veces me siento con él a ver los partidos y se pone a explicarme cosas, muchas de las cuales no entiendo. Lo que sí me he dado cuenta, es que hay un montón de copas. Que la Eurocopa, que la Copa de Oro, que la Copa Confederaciones, que la Copa Libertadores y un largo etcétera. Entonces, copa tras copa (de fútbol) he tenido oportunidad de ver situaciones que me han permitido tener intercambios educativos con mi hijo. Él me enseña de fútbol y yo le enseño principios que a veces identifico en las muchas situaciones que se presentan en los partidos.

Una de ellas ocurrió en el juego Japón – Paraguay del mundial pasado. Se jugaba el pase a cuartos de final, y el partido terminó empatado. El resultado final se definiría en penales. Se anotan los primeros penales y Japón falla uno. Si falla otro y Paraguay no, Japón está fuera. Dispara Yuichi Komano, de Japón (obvio) Y FALLA. Dispara Paraguay y el balón se va hasta el fondo. Las emociones contenidas, se desbordan en ese momento. Gritos y alegría entre los paraguayos, lágrimas y tristeza entre los japoneses. Yuichi Komano llora desconsolado en el círculo central. Con ese penal fallado, Japón quedaba fuera del torneo. Uno de sus compañeros lo abraza reflejando en su rostro una profunda resignación. Y entonces, en un gesto de profunda solidaridad y empatía, Nelson Haedo Valdés, jugador paraguayo, se acercó al japonés y trató de consolar al causante involuntario de su pase a cuartos de final.

Mi hijo guarda seguramente el recuerdo de los goles de ese partido. Yo guardo el recuerdo de esa imagen de Haedo palmeando con compasión las mejillas de Komano y diciéndole palabras que no escuché, pero que puedo imaginar.

Es la imagen de un ser humano teniendo la capacidad de ponerse en los zapatos del otro, de sentir lo que el otro sentía en ese momento, y de tratarlo como le gustaría a él que lo trataran si estuviera en la misma situación; capacidad llamada empatía y que todos los seres humanos tenemos, pero que no siempre practicamos.

Leí la vez pasada en internet una frase que refleja también lo que es la empatía. En un fragmento dice así:

"Si algún día tienes ganas de llorar, llámame. No te prometo que te haré reír, pero puedo llorar contigo.

Si algún día sientes deseos de huir, llámame. No te prometo pedirte que te quedes, pero puedo correr contigo."

Cuando practicamos la empatía, las relaciones mejoran entre los seres humanos. Nos ayuda, como dicen, a convertirnos en seres hermanos. Facilita el entendimiento y nos ahorra muchas discusiones estériles. Dicen que en toda discusión hay tres verdades: MI verdad, TU verdad y LA verdad. Cuando no tenemos la capacidad de ponernos en el lugar de la otra persona, nos cerramos y no queremos escuchar ni entender otra cosa que no sea MI verdad, la forma como yo veo las cosas, la forma como las entiendo. Si soy empático, me será más fácil tratar de entender TU verdad, y eso ayudará a que finalmente se asome LA verdad, las cosas como realmente son.

Copa tras copa, mi hijo me ha permitido aprender muchas cosas. En esta ocasión, el fútbol me mostró su mejor cara. Gracias, hijito, espero podamos seguir aprendiendo juntos.

Ejercicios de aplicación y reflexión

1. Hazte siempre las siguientes tres preguntas:
   a. ¿Cómo me sentiría yo si me sucediera lo que le pasó al otro?
   b. ¿Me gustaría que me hicieran lo que yo estoy haciéndole al otro?
   c. ¿Qué me gustaría que el otro hiciera por mí si yo estuviera en su situación?
2. Guía tus acciones en base a tus respuestas a las preguntas anteriores.
3. Si eres casado(a), empieza aplicando la empatía con la persona más importante: tu cónyuge.
4. Elimina la creencia generalizada de que ser empático significa ser débil. Es al contrario. Los grandes personajes han sido profundamente empáticos.

25

Perseverancia. Lo que hace la diferencia entre los que llegan a la meta y los que se quedan a medio camino.

La vida es un continuo de pruebas a través de las cuales se va forjando el carácter y se van logrando metas y objetivos.

En esta columna comparto una metáfora sobre la vida a través de una experiencia en la que, el perseverar, nos ayudó a encontrar el camino que andábamos buscando.

Todos buscamos algo en la vida. Y para llegar a ello, transitamos por los caminos que consideramos que nos van a llevar ahí. Sin embargo, a veces, Dios tiene otros planes, y nos lleva por otros caminos muy distintos de los que nosotros habíamos planeado. Dicen que fue John Lenon el que dijo una vez: "La vida es eso que te ocurre mientras estás ocupado haciendo planes".

Por tanto, es importante perseverar y no darnos por vencidos ante los primeros obstáculos que se nos presenten. Ni ante los primeros ni ante los que les sigan después. Solo el que persevera tiene derecho a disfrutar aquello que anhelaba.

TODA LA VIDA EN UN DÍA

Hace algunos años, viviendo en Tampico, un domingo por la mañana me dirigía en compañía de mi esposa a un evento de tipo motivacional que se realizaría en la ciudad de Altamira, Tamaulipas. En el camino ocurrió algo que me dejó un aprendizaje y que registré así en el diario de mi hijo Chuy el 10 de octubre de 1993:

"Hijo: la semana pasada viví toda la vida en un día. Déjame explicarte porqué digo esto.

Ese día, planeamos tu mami y yo asistir a la presentación de un conocido motivador en Altamira, así que con el tiempo suficiente nos enfilamos hacia aquella ciudad.

Al llegar y tomar el camino al lugar donde sería la presentación, encontramos que un mercado rodante había cerrado la calle de acceso. Probamos por otra calle y la encontramos intransitable por el lodo pues había llovido mucho en días pasados. La carretera (que también conducía al lugar) estaba cerrada por reparación. En este punto, y estando parados en el lado opuesto de la carretera cerrada, desde donde se veían las instalaciones a las que pretendíamos llegar, le dije a tu mami: 'De aquel lado hay casas en las que se ven carros, eso quiere decir que hay algún camino que va a dar allá, y ese camino es el que vamos a encontrar ahorita'.

No sabíamos dónde estaba el camino, pero sabíamos que estaba ahí, en algún lado, todo lo que necesitábamos era perseverar hasta dar con él.

Después de otros cuantos caminos cerrados, finalmente encontramos el que nos condujo hasta nuestro destino, y nuestra perseverancia se vio recompensada al disfrutar de un evento hermoso, que inspiró grandemente nuestros corazones. Sin embargo, nos dimos cuenta de que algunos amigos con los que nos topamos cuando andábamos buscando el camino, y que sabíamos que también pretendían asistir al evento, no llegaron. Tal parece que no perseveraron lo suficiente y se regresaron a su casa, como nos lo confirmaron cuando les preguntamos al día siguiente, habiéndose privado de disfrutar de aquel banquete para el espíritu.

Hijo: todo esto es una representación de la vida misma, por eso te digo que viví toda la vida en un día.

Hay veces en la vida en que transitamos por un camino que creíamos seguro y de pronto éste se nos cierra. Quizá intentemos continuar por algún otro y aún éste y otros más también se cierren. ¿Significa esto que ya no hay ningún camino? No, hijo, el camino siempre está ahí, en algún lugar, y todo lo que tienes que hacer es perseverar y tener fe en que Dios te ayudará a encontrarlo. Si lo logras, entonces habrás ganado el derecho a disfrutar la recompensa. Si te das por vencido, quedarás tirado a medio camino y perderás el derecho a disfrutar de ella. Y esto aplica a cualquier cosa por la que luches en la vida.

Ciertamente, habrá muchos que ante los primeros caminos que se cierren, dirán: 'Ya no puedo seguir adelante, esto es demasiado para mí'. Decir y hacer esto no cuesta ningún trabajo hijo, cualquiera lo puede hacer; seguir adelante es lo que cuenta y lo que hace toda la diferencia.

Pablo, el apóstol, dijo: '¿No sabéis que los que corren en el estadio, todos a la verdad corren, pero solo uno se lleva el premio? Corred de tal manera que lo obtengáis'.

Recuerda siempre estas palabras hijo, para que cuando empieces a pasar por tus primeras dificultades como estudiante, como padre, como líder o como cualquier otro título honorable que ganes en la vida, las recuerdes y eso te dé la fuerza, el ánimo y el impulso necesario para seguir corriendo con renovados bríos. Para seguir corriendo por la vida de tal manera que logres llevarte el premio".

Sí, la vida puede ser dura a veces, pero nadie nos prometió que sería fácil. Los caminos a veces se cierran en el momento menos oportuno (de hecho, nunca hay un momento oportuno para eso). Sin embargo, mi amigo que hoy encuentras este mensaje, te doy mi testimonio de que el tamaño de la recompensa será directamente proporcional al tamaño del esfuerzo que hayas tenido que realizar. Sigue corriendo. Tal vez, estés solo a unos pasos de llevarte el premio.

Ejercicios de aplicación y reflexión

1. Reflexiona: En una escala del 1 al 10, ¿cómo te calificarías en cuanto a la perseverancia? ¿abandonas muy fácilmente tus proyectos o le "terqueas" hasta conseguirlos?
2. Analiza si en tu vida te ha ocurrido que se te cerrara algún camino que creías seguro. ¿Cómo reaccionaste cuando eso sucedió? ¿Buscaste otro camino o te diste por vencido?
3. ¿Hay algún proyecto que abandonaste y que podrías retomar buscando otros caminos para conseguirlo?
4. Escribe en tu diario un "Compromiso con la perseverancia", en donde expreses qué estarías dispuesto a hacer de manera personal para desarrollar más esta cualidad de perseverar en lo que te propongas.
5. Escribe en tu diario qué representa para ti "el premio" que menciona el apóstol Pablo, para cada una de las dimensiones de tu vida: Familiar, social, laboral o profesional y espiritual.
6. Visualízate disfrutando ya de ese premio para que eso te dé el ánimo de seguir corriendo para alcanzarlo.

26

El ajetreo de la vida diaria a veces nos impide apreciar los placeres sencillos, que muchas veces son los que nos motivan y nos dan fuerza.

En una ocasión me acompañaron mis hijos, siendo pequeños, a un día de campo con un grupo de muchachos de la escuela. Yo llevaba un papalote y después de un rato de convivencia con los muchachos, me puse con mis hijos a volarlo.

Una alumna se acercó y me dijo: "Yo nunca he volado un papalote, ¿me lo prestaría tantito?" Se lo presté y se divirtió como niña volándolo y corriendo con él. Al poco rato ya había una hilera de muchachos haciendo fila para volarlo.

Ese tipo de placeres sencillos pero significativos son de los que hablo en este mensaje.

Los placeres que nos da el permitirnos volver a ser niños y asombrarnos con las maravillas de este mundo, que a veces, como decía, en el ajetreo de la vida diaria, perdemos de vista.

Como decía en un mensaje anterior, el niño que llevamos dentro nunca muere, pero necesita que de vez en cuando lo dejemos que se asome. Cuando se lo permitimos, su energía le da nuevas fuerzas a ese hombre adulto que somos, y juntos, niño y adulto, siguen adelante persiguiendo sus sueños.

MILAGROS BAJO UN CIELO ESTRELLADO

Cuando en mi niñez y adolescencia participaba en el movimiento scout, a veces me aventaba hasta una semana en campamento, durmiendo en casas de campaña sobre el suelo raso, con un delgado "sleeping bag" por colchón y una toalla enrollada por almohada.

Hace días tuve la osadía de tratar de repetir aquellas hazañas, olvidándome del viejo pero acertado dicho que establece que no es lo mismo los tres mosqueteros, que 20 años después (bueno, en mi caso, más de 30 años después).

Se me ocurrió proponerles a mis dos hijos menores (los mayores y mi esposa no podían por diferentes razones) que nos lleváramos la casa de campaña y demás provisiones necesarias a la playa para pasar algunos días disfrutando del mar. Al regreso, mi espalda me cobró la factura de tan enorme atrevimiento, pero con el gozo de la experiencia me alcanzó para pagar esa factura y todavía me quedó feria.

Nos divertimos de lo lindo y comprobé una de las frases que están en mi proyecto de vida, que ya he compartido antes: "La vida tiene en cada detalle suyo un motivo para ser feliz".

En esos días, la vida me demostró que muchas veces, son las cosas sencillas, aquellas por las que no tenemos que pagar dinero, las que nos pueden llenar de placeres verdaderos y significativos, que le den un renovado impulso a nuestros esfuerzos por seguir adelante.

Esos días estuvieron llenos de esos placeres sencillos pero significativos: El volver a jugar con mis hijos a brincar las olas; el sentir la arena en los pies al caminar por la orilla de la playa; el buscar conchitas de caprichosas formas y colores; el enterrar a Zaidita en la arena y muchos pequeños placeres más. Pequeños pero enormes a la vez.

Por la noche, habíamos ya cenado unos suculentos sándwiches de jamón salpicados de arena y nos quedamos platicando afuera de la casa de campaña. El momento parecía mágico: la brisa del mar, el ruido de las olas, las luces de los barcos pesqueros en el horizonte y el cielo tapizado de estrellas que parecían poder alcanzarse con las manos. Y les dije a mis hijos "nada más faltaría que hubiera lluvia de estrellas para que la noche fuera perfecta".

¿Creen en los milagros? Yo sí. Unos veinte minutos después de que dije lo anterior, FUM!, vi pasar una estrella fugaz. Poco después vimos otra, luego otra y otra más. En total vimos cerca de quince estrellas fugaces. Una lluvia de estrellas. Parecía que Dios nos hubiera querido conceder el deseo. Mi hijo Manuel estaba emocionado. Dijo "apuesto que a mis hermanos y a mamá les hubiera gustado ver esto".

Ese y otros milagros más pude apreciar y disfrutar en esos días en la playa. Pude asombrarme ante el gran milagro que es la vida y lo mucho que ésta nos obsequia.

El segundo día desperté antes de las cinco de la mañana, me senté, abrí la casa de campaña y estuve disfrutando de unos silenciosos momentos de comunicación con el creador de todas esas bellezas, después de los cuales desperté a mis hijos para admirarnos con los maravillosos colores de la salida del sol.

Querido amigo: La vida tiene sus cargas y desazones, pero muchas veces podrás aligerarlas con esta clase de pequeños placeres. Toma de la mano a tu esposa; abraza a tus hijos o a otros seres queridos; apaga la televisión y salte a caminar a un parque cercano; siente el aire que te sustenta; saluda a un desconocido; di algo amable a alguien (eh, eh, eh, no por facebook, en persona); alegra la vida de alguien más.

Las estrellas en la ciudad no se ven iguales que en el mar o en el campo, pero bajo ese mismo cielo hay infinidad de milagros esperando a ser descubiertos, esperando a ser disfrutados. Te deseo que disfrutes el milagro de vivir. El milagro de respirar. El milagro de pensar. Y si puedes, agarra una casa de campaña y vete a convivir con la naturaleza. Si no hay más, trépate a la azotea de tu casa para que pases una noche al aire libre, y si es con un niño o un joven, mejor. Sentirás más de cerca los milagros. No importa que tu espalda te cobre la factura al día siguiente.

Ejercicios de aplicación y reflexión

1. Olvida por un momento la larga lista de asuntos pendientes que reclaman tu atención.
2. Recuerda y anota qué te gustaba hacer de niño(a):
    a. ¿Juntar piedritas de colores?
    b. ¿Mojarte en la lluvia?
    c. ¿Tenderte sobre el césped?
    d. ¿Caminar en el campo o la playa?
    e. ¿Brincar la cuerda o andar en bicicleta?
    f. ¿Otras cosas?
3. Dedica un rato a hacer alguna de estas cosas que te gustaban.
4. Anota en tu diario cómo te sentiste al hacerlo.
5. Observa, aprecia y agradece los muchos regalos que nos da la naturaleza: las flores, las nubes, el arco iris, etc.
6. Expresa de forma sincera y personal tu amor o aprecio a algún ser querido, especialmente a alguien con quien por un buen tiempo no lo has hecho.

27

En esta columna, continuando con la frase del apóstol Pablo que mencionaba dos columnas atrás, sigo tratando el tema de perseverar, de dar nuestro mejor esfuerzo para alcanzar aquello que pretendemos.

En esta ocasión, lo enfoco a cuando el premio que buscamos es el progresar en nuestro trabajo o simplemente, el conservarlo, que a veces en estos tiempos ya no es algo tan sencillo.

Obviamente, habría muchos consejos más aparte de los cinco que comparto en esta columna, así que la lista no pretende ser exhaustiva. Lo que busca es simplemente dar un ejemplo del tipo de cosas que significa correr de tal manera que obtengamos el premio en el trabajo.

De igual manera, hay maneras de correr para cualquier cosa que persigamos en la vida, lo importante es el esfuerzo que estamos dispuestos a realizar, porque como también aquí lo menciono, a veces queremos el premio, pero no queremos realizar el sacrificio que dicho premio nos requiere.

A veces pensaremos que puedo ganar el premio evitando pagar el precio. Tal vez en el corto plazo funcione. A la larga no funciona. Conozco la suficiente cantidad de casos para saber que así es.

SOLO UNO SE LLEVA EL PREMIO

En mi mensaje de hace dos semanas hacía referencia a una frase que le debemos al apóstol Pablo: "¿No sabéis que los que corren en el estadio, todos a la verdad corren, pero solo uno se lleva el premio? Corred de tal manera que lo obtengáis".

En estos tiempos de competencia olímpica vimos reiteradas veces esa realidad. Muchos corren. Solo uno se lleva el premio.

Ignoro si el apóstol Pablo presenció las olimpiadas en la antigua Grecia y por eso se haya inspirado en ese ejemplo, pero su dicho va más allá de tan solo una competencia deportiva. Su dicho se cumple todos los días, en todas partes.

Mucha gente corre en busca de algo por la vida, pero no todos alcanzan ese algo. ¿Porqué? Porque no corren de tal manera que lo puedan obtener. No se esfuerzan lo suficiente. No entrenan lo suficiente. Quieren el premio, pero no están dispuestos a pagar el precio, o al menos, no el precio completo. Y la vida, que no es tonta, no está dispuesta a que le regateen.

En las empresas, por ejemplo, muchos aspiran a llevarse el premio de los mejores puestos, las mejores promociones, las mejores oportunidades.

Quisiera compartir en esta ocasión cinco consejos que te ayudarán a correr de tal manera que puedas llevarte ese premio.

1.- Sé asiduo y puntual.- La asiduidad significa que vas a llegar a tu trabajo llueva, truene o relampaguee. Hay gente que con el menor pretexto se ausenta de su trabajo. "Ash, me duele el pelo, no voy a ir trabajar". Y ya hasta canción le hicieron: "No voy a trabajá, no voy a trabajá". Pero eso sí, a la hora de pedir el premio, son los primeros en formarse. No mi amigo, que tu jefe no tenga que estarse tronando los dedos preguntándose si hoy vas a llegar a trabajar. Y la puntualidad aplica no solo en cuanto a la hora de entrada. También sé puntual para entregar tus trabajos en la fecha que te comprometiste. Que no te tengan que andar correteando y tú, como "pescado enjabonado", escurridizo a más no poder.

2.- Sé honesto.- Recuerdo un video que circulaba en internet en donde el director de Yakult hablaba de los valores en esa empresa, y mencionaba que él decía a sus empleados: "Si vas por el pasillo y te encuentras un lápiz que no es tuyo, pues es de alguien. Si te encuentras una calculadora que no es tuya, pues es de alguien. Y si en una fiesta te encuentras una señora que no es tuya, pues es de alguien." Así que no andes tratando de adueñarte de lo que no te pertenece.

3.- Aprende cosas nuevas.- En una ocasión hablaba con un jefe sobre cierto elemento de mi departamento y me preguntaba él que cuánto tiempo tenía trabajando con nosotros esa persona. Yo le mencioné que cinco años. Y me dijo mi jefe: "¿Y tiene cinco años de experiencia, o la experiencia de un año repetida cinco veces?". Asegúrate de adquirir experiencia, y eso se logra aprendiendo cosas nuevas; no te conformes con decir "pues yo ya sé lo mío y así estoy bien".

4.- Sé un conciliador.- Ya hay suficiente gente echando grilla en los lugares de trabajo. Ya no hace falta tu ayuda para eso, así que concéntrate mejor en fomentar las buenas relaciones, busca maneras de mejorar tu ambiente de trabajo. Échale agua y no gasolina al fuego de los conflictos. Personas así valen oro ante los ojos de los superiores jerárquicos.

5.- Trabaja duro.- En esencia, eso es lo que significa correr de tal manera que te lleves el premio. Dice Covey en "Los 7 Hábitos": "Nunca nadie, en ninguna parte, en ninguna época, en ninguna actividad, ha hecho nada importante trabajando poco". En otras palabras, el éxito no se logra con esfuerzos mediocres.

En otras ocasiones hablaré de otros premios que uno persigue en la vida y cómo podemos correr de tal manera que los obtengamos, pero el principio es el mismo: No hay desayuno gratis. O como dijo un pugilista famoso: "Si un boxeador hace trampa al entrenar, pagará el precio al estar bajo los reflectores". Así que, mi amigo, a ponerse los tenis y correr como campeón olímpico, porque no hay atajos hacia el premio que buscas, aunque a veces parezca lo contrario. Recuerda: la vida no es tonta. No pretendas regatearle tu esfuerzo. Simplemente, no funciona.

Ejercicios de aplicación y reflexión

1. En una escala del 1 al 10, autoevalúate en los siguientes aspectos:
   a. Asiduidad - ¿Qué tan seguido falto al trabajo porque me duele el pelo o por otras dolencias "graves" semejantes?
   b. Puntualidad - ¿Acostumbro llegar a tiempo al trabajo? ¿Entrego a tiempo mis trabajos?
   c. Honestidad - ¿Soy una persona digna de confianza en todos los aspectos?
   d. Aprendizaje - ¿Me considero una persona con "hambre de aprender" o soy conformista en ese aspecto?
   e. Actitud conciliatoria – De las dos cubetas que todos cargamos, ¿cuál utilizo con más frecuencia cuando se enciende el fuego de un conflicto? ¿la de agua, o la de gasolina?
   f. Disposición al trabajo duro – Cuando se requieren voluntarios para trabajar duro ¿soy de los primeros que se levantan...para largarme de ahí o le entro a los trancazos con singular alegría?
2. En base a tus respuestas, determina tu porcentaje de posibilidades de llevarte el premio en tu trabajo.
3. Haz un plan de mejora para aquellas áreas en las que no hayas salido bien evaluado.
4. Piensa en otros aspectos que sería importante cuidar en tu trabajo.

28

Después de mi familia, mi primera pasión es escribir. La segunda es enseñar, dar clases a niños y jóvenes. Lo considero un privilegio y una responsabilidad muy grande.

Este mensaje está dirigido principalmente a quienes, como yo, tenemos la bendición de recibir a estos aprendices cada año para tratar de sembrar algo en ellos. Y me parece que en esta definición cabrían no solo quienes ejercemos la enseñanza como profesión, sino todos los que tenemos hijos, pues nosotros somos, o debiéramos ser, sus primeros maestros.

Me parece que la diferencia entre un buen y un mal maestro es que el primero siente pasión por esa actividad y encuentra un gozo enorme cuando ve que ha logrado dejar una semilla en un niño o joven y que, con el tiempo, esa semilla dará buen fruto.

Hablando a un grupo de maestros en una escuela primaria dije en una ocasión: "Hagamos resplandecer la antorcha de la educación que se nos ha confiado, y sea nuestro motivador más importante el gozo de imaginar que algún día, algún adulto que una vez fue niño, pasará con sus propios hijos por esta calle y les dirá con orgullo: 'Esta es mi escuela. Aquí aprendí a ser un hombre de bien'".

Esa es la oportunidad que tenemos al educar. La de dejar una huella. No desaprovechemos esa oportunidad, porque la oportunidad perdida, jamás regresa.

EDUCARE

Así, sin acento. No voy a hablar del verbo educar en tiempo futuro, sino de la educación y de su raíz etimológica, educare, con su hermoso significado. Estamos iniciando un nuevo ciclo escolar y considero oportuno dedicar estas líneas a reflexionar un poco sobre este tema y sobre el papel fundamental que los maestros jugamos en el mismo.

Mucho se ha hablado últimamente sobre las deficiencias de la educación en nuestro país, así que más que abundar en eso, me gustaría compartir algunas de las cosas que de manera personal trato de hacer en mi área de influencia para cumplir lo mejor posible con el objetivo de realmente educar a los muchachos que se me han confiado, y si a algún colega maestro o a algún estudiante le llegan a servir estos conceptos, me daré por bien servido. No pretendo más.

En primer lugar, considero la oportunidad de estar frente a un grupo, un privilegio y una bendición, y no una plataforma que me haga sentir superior a otros, en este caso, mis alumnos. Ellos son arcilla en mis manos, y en buena parte, lo que ellos sean cuando terminen la escuela será el resultado de la forma en que yo realice mi trabajo, aunque claro, la decisión final de lo que ellos serán está en sus propias manos.

Coincido plenamente también con una frase que leí en una ocasión: "La educación no tiene tanto que ver con llenar la olla, como con encender el fuego". Pienso que debemos preparar al niño o al muchacho para la vida, y eso incluye el encender en ellos el fuego del amor por el aprendizaje para que sean aprendices eternos, que sigan buscando aprender aún después de abandonar la escuela. Porque la vida está llena de enseñanzas, pero enseña poco a quien no sabe leerla.

Una de las cosas que hago para lograr lo anterior es desafiarlos a que usen su cerebro y entiendan el "porqué" de lo que están aprendiendo y no solo el "cómo", la parte mecánica.

Normalmente, en la primera clase, lo primero que hago es dibujar en el pizarrón un robot y un machete y luego encierro estos dibujos en el símbolo de "prohibido" (el círculo con la diagonal atravesada), explicándoles que eso significa "No robotitos" "No macheteros".

"No me interesa – les digo – la gente que venga como robot a aprenderse algo mecánicamente sin entender el porqué de lo que están aprendiendo, ni los que se aprenden algo de machete, solo para pasar un examen y al día siguiente ya se les olvidó todo".

"Si les enseño – continúo – la ecuación contable, Activo = Pasivo + Capital, no me interesa que se macheteen la fórmula, sino que entiendan porqué Activo es igual a Pasivo más Capital."

"La fórmula – finalizo – si se la digo a un niño de kínder, el niño me la repite, es más, si se la repito la suficiente cantidad de veces a un periquito, también me la repetirá, pero no me interesa que egresen de esta escuela generaciones de periquitos, sino de gente que sepa pensar y razonar, porque ¿de qué sirve que sepamos resolver problemas contables o matemáticos si no sabemos resolver los problemas de la vida? Y éstos se resuelven pensando y razonando".

No he encontrado mejor definición de educar que la que podemos obtener de su raíz etimológica, educare, que significa "extraer de cada uno lo mejor que lleva dentro".

Aspiro a que cuando un muchacho termine sus cursos conmigo, no diga: "Qué fregón es el maestro, cuánto sabe", sino que diga: "Qué fregón es el potencial que tengo, lo que puedo alcanzar; trabajaré para lograrlo". Para mí, eso es sacar de él lo mejor que lleva dentro, y si eso ocurre, entonces puedo decir que he cumplido mi deber y que realmente he educado.

Mi mensaje, en este caso para ti, colega maestro, sería: Por favor, no enseñes por dinero o "porque no hay más". Si lo haces, estarás dejando pasar una oportunidad invaluable de dejar tu huella en la vida de los niños o muchachos que pasen por tus manos. Si has acogido esta hermosa labor, desarrolla una pasión por ella. Y nunca cometas el pecado capital para un maestro de matar los sueños de tus alumnos. Mientras ellos tengan una esperanza de un mejor futuro y tú alientes esa esperanza, habrá mejores generaciones y en consecuencia, mayores esperanzas para este, a veces, desesperanzado país.

Ejercicios de aplicación y reflexión

1. Si tienes la responsabilidad de enseñar (padre o maestro), pregúntate: "¿Realmente me entusiasma, me apasiona esta labor?".
2. Si tu respuesta fue no y eres maestro, desarrolla esa pasión o cambia de chamba. Si tu respuesta fue no y eres padre, no hay opción. Más te vale que le empieces a agarrar el gusto.
3. Comprométete a mejorar tus habilidades para desempeñar mejor esta responsabilidad: Lee, toma cursos, actualízate constantemente. Para educar, tienes primero que educarte. Nadie puede dar lo que no tiene.
4. Escribe en tu diario qué huella te gustaría dejar en tus hijos o alumnos, cómo te gustaría que te recordaran.
5. Piensa en algún maestro que dejó una huella en tu vida. ¿Qué hacía él que lo hizo diferente a lo demás? (Escríbelo). ¿Hay algo que puedas aprender de él y que puedas aplicar en tu quehacer como educador?

29

El estar en este mundo representa la oportunidad de dejar una huella, una señal para quienes vienen detrás de nosotros: Hijos, hermanos menores, amigos, etc. Como ya habrán notado, este es un tema recurrente en mis mensajes.

Algún día nuestro cuerpo físico será entregado a la madre tierra y solo quedará nuestro recuerdo...y la fama que hayamos dejado.

Esa fama, ese recuerdo, perdurará en las mentes de quienes nos conocieron. Para algunos, ese recuerdo será grato, para otros, tal vez no. ¿De qué depende? Del tipo de fama que hayamos construido.

Aquí hablo de que cada día agregamos un ladrillo al edificio de nuestra fama, y de poner interés a la fama que estamos edificando.

Edificar -> Edificio.

Edificamos nuestra fama con nuestras acciones hasta construir un edificio que dejaremos a nuestros seres queridos. ¿Será un edifico grato para visitar? ¿Será un edificio al que a ellos les resulte grato llevar a sus amigos a conocerlo?

De cada uno depende.

LA FAMA

Cuando estaba estudiando la preparatoria (por favor no empiecen a aullar, no hace mucho tiempo de eso, se los juro por el osito Bimbo) mi maestra Aída Ochoa, de Historia, nos encargó una composición sobre el tema de la independencia de México.

Cuando le entregamos los escritos, los revisó y luego nos pidió a tres alumnos que pasáramos al frente a leerlos.

En mi composición, empezaba hablando del momento en que se declaraba la independencia del país y luego, mediante no recuerdo qué hilo de pensamientos, llegaba hasta hablar de los políticos contemporáneos en ese momento y emitía un "yo acuso".

Acusaba en general a aquellos políticos que abusaban de su posición y efectuaban actos deshonestos que perjudicaban al país o a sus comunidades.

Recuerdo que en una parte de mi fogoso discurso, decía: "Mi padre también fue presidente municipal de esta ciudad, y aunque no sé cómo actuó como tal porque yo no había nacido, si él fue uno de esos políticos de los que hablo, también a él lo acuso".

Cuando los tres alumnos terminamos de leer y nos sentamos, la maestra Aída nos felicitó y luego dijo: "Y quiero decirle a Chuy que yo sí supe cómo fue su padre como presidente y que no tiene nada de qué preocuparse ni avergonzarse. Su padre fue un hombre recto que buscó siempre la manera de ayudar a los demás y la gente lo quería mucho por esa razón".

Lo que dijo después creo que ya no lo escuché porque mi corazón de joven estaba emocionado por lo que acababa de escuchar. Me di cuenta, tal vez por primera ocasión, de la fama que mi padre había dejado y de la cual él, en su sencillez, nunca nos había hablado a sus hijos.

En tiempos más recientes, hace unos cuatro años me tocó participar en la universidad en un curso de liderazgo transformacional, uno de esos cursos que rascan el alma. El instructor era un hombre de tipo militar que para efectos del curso así se comportaba y nosotros éramos como que sus soldados rasos.

Nos gritaba, nos confrontaba, en momentos nos ridiculizaba y a nosotros ya nos andaba. Ah, qué pelado tan rudo era aquel.

En una de las dinámicas nos preguntó nuestro nombre. Cuando le dije el mío hizo una pausa y luego me preguntó, todavía con su voz de general: "¿Es usted algo de la profesora Tárrega?" "S-s-su hijo" le respondí temiendo lo peor ("si lo reprobó soy hombre muerto" pensé).

El hombre se quedó unos segundos pensando y entonces pude percibir, por única ocasión en todo el curso, un destello de emoción en su mirada y en su voz cuando me dijo: "Quiero decirle que tiene una de los mejores mamás del mundo. Ella marcó una honda huella en mi vida cuando fui su alumno en la secundaria".

Lo que dijo después creo que ya no lo escuché porque mi corazón de adulto estaba emocionado por lo que acababa de escuchar. Me di cuenta, por enésima ocasión, de la fama que mi madre había dejado y de la cual ella, en su sencillez, nunca nos habló a sus hijos.

Nuestra fama (buena o mala) nos rebasa y nos trasciende.

Nos rebasa porque aunque no hablemos de ella, tarde o temprano aflorará.

Nos trasciende porque, aun cuando ya hayamos dejado este mundo, nuestra fama sigue circulando. Eso lo aprendí con esas dos experiencias que relato.

Cada día, con cada acción que realizamos, con cada palabra que expresamos, con cada decisión que tomamos, agregamos un ladrillo al edificio de nuestra fama. Lo más probable es que esa fama no llegue a salir en las revistas de espectáculos, pero emergerá, tarde o temprano, en un lugar más importante: en la vida de nuestros hijos y nuestros seres queridos. ¿Cómo se sentirán ellos cuando eso ocurra? El visualizar ese momento nos puede ayudar a poner más interés en la fama que estamos edificando, así que en esta ocasión, te dejo solo un deseo:

Que la fama que dejes sea como una de las estrellas fugaces que vi en la playa con mis hijos: Que aparece ocasionalmente, pero cuando lo hace, llena de regocijo el corazón.

Ejercicios de aplicación y reflexión

1. Analiza sinceramente si estás dejando una buena fama o no tan buena (o nada buena) a tus seres queridos.
2. Visualiza algún momento, varios años después de que ya hayas partido de este mundo, en el que alguna persona que te conoció bien, se encuentra con uno de tus hijos y le habla de ti. ¿Qué crees que le diría? ¿Qué te gustaría que tus hijos escucharan en un momento así?
3. Imagina que se pone una nota en el periódico sobre tu fallecimiento y se incluyen los siguientes comentarios: "(fulano) será recordado por_____; siempre se esforzó por_____."
4. Vive de manera que hagas realidad lo que te gustaría que dijera en los espacios anteriores
5. Escribe en tu diario la fama que te gustaría dejar.
6. Define qué tienes que hacer para edificar esa fama.

30

Con el permiso de la concurrencia, este mensaje se lo dedico a otra de mis hijas, a Zaidita, la menor de las mujeres, con motivo de su cumpleaños.

Mis hijos me han ayudado a nunca olvidar el principio del que le platico a Zai en este mensaje: Las familias son eternas.

Estoy convencido de que el gozo de la relación familiar puede extenderse más allá de los límites de este mundo, pero eso me recuerda también el consejo que un sabio hombre me dio en una ocasión: "Vive de tal manera que tu familia quiera estar contigo en la eternidad".

Zaidita, mi niña, ha estado y seguirá seguramente en constante evolución, como aquí lo comento, pero les comparto un secreto: sigue llorando por todo.

Y eso solo me comprueba que dentro de ella hay un espíritu especial, el cual le agradezco a Dios que lo haya confiado a mi cuidado.

Para este mensaje, los ejercicios de aplicación y reflexión serían los mismos que los del mensaje 9, que le dediqué a mi otra hija por el mismo motivo.

Así que solo me resta desearte que disfrutes a tus hijos.

UN ESPÍRITU CELESTIAL

Lo bueno de tener una familia más o menos numerosa es que tenemos una buena cantidad de días por celebrar en el año. En este mes de septiembre toca el turno a mi hija Zaida Gisela, o Zai como le digo de cariño.

A continuación comparto lo que escribí en su diario el día que nació, hace ya 17 años:

"Zaidita: ¡Bienvenida a nuestro hogar, hijita! Hoy llegaste al mundo. Bienvenida a la familia Tárrega Saldívar, una familia eterna. Tu llegada a nuestro hogar viene a ser un gran motivo de gozo y alegría. Realmente te esperábamos con ansias.

Hace unos minutos te tomé en mis brazos por primera vez. Cuando te tenía cargada abriste tus ojitos y me pareció que me miraste. Yo también te vi y sentí que pude ver tu espíritu. Lo que vi fue un espíritu muy dulce, mucho muy dulce, un espíritu apacible y lleno de amor, un espíritu celestial.

Tus hermanos en casa también te están esperando con mucha emoción, pronto los conocerás. En la puerta de entrada de nuestro hogar verás (porque espero conservarlo muchos años) una pequeña calcomanía que dice 'Las Familias son Eternas'. Esa frase en la entrada me ha servido para que cuando llego a casa un poco estresado, malhumorado por un día difícil de trabajo, me tomo unos segundos antes de entrar para leer la frase, completándola en mi mente y digo: 'Las familias son eternas...los problemas son pasajeros', entonces todas las cosas toman su verdadera dimensión y yo puedo entrar a casa con otro espíritu, el espíritu correcto. Ahora tú estás aquí para ayudarme a recordar este principio.

Agradezco mucho a Dios por habernos enviado un gran trozo de Su amor envuelto en el cuerpo de una pequeñita."

En su diario está también anotado el significado de sus nombres. Según esto, "Zaida" es un nombre hebreo que significa "Mujer en constante evolución". Y eso ha sido mi hija hasta ahora.

Hoy en día ella es una jovencita fuerte, alegre y determinada, pero de niña era sumamente sensible y tierna. Por todo lloraba. Cuando tenía cuatro años registré en su diario la ocasión en que me escuchó decirle a su mamá, "tengo ganas de que me hagas unas entomatadas, mi amor". Al día siguiente mi esposa me las hizo, pero la niña estaba dormida cuando fui a comer y no se dio cuenta. Como a los tres días llegué del trabajo y me estaba cambiando cuando entra a mi cuarto y me dice: "Papi, ¿ya comiste entomatadas?". Yo no le di mucha importancia a la pregunta y le dije: "Pues creo que sí, mi amor". "¿Cuándo?" me preguntó. "Pues no me acuerdo, hijita" respondí. Cuando salí del cuarto estaban ella y su mamá en la sala y nos dimos cuenta que Zai estaba llorando en silencio. "¿Qué pasó, mi amor?" le pregunta su mamá, y le responde la niña muy compungida: "Es que se me hace que no le has dado a mi papi las entomatadas que te ordenó".

Cuando hacía algo gracioso y nos reíamos, lloraba porque sentía que nos estábamos riendo de ella. Una vez los llevé a visitar un panteón y llegando a la casa lloró como una magdalena por algo que leyó en un epitafio. Tenía ella tres años cuando fuimos al cine a ver Titanic y saliendo lloró desconsolada porque se murió la viejita. Cuando escuchó la canción de Juanito Farías, la del caballo de palo, lloró como tres días por ese niño que según la canción solo tenía un viejo caballo de palo para jugar, hasta que su hermana Diana, más práctica y menos sentimental, le dijo desesperada "Ya Zaida, ese niño se hizo millonario con esa canción".

También cuando tenía cuatro años registré en su diario que me dijo que cuando ella creciera no iba a tener novio porque esas cosas le aburrían mucho. Me temo que en ese aspecto también ha evolucionado mucho mi niña, para mi pesar.

Sé que a medida que pasen los años mi hija seguirá evolucionando y finalmente emprenderá el vuelo, pero para mí siempre será esa pequeñita que Dios usó como envoltorio de una gran porción de Su amor, y al hacerlo, nos bendijo en casa con un espíritu celestial, a quien hoy deseo, con todo mi corazón, un feliz cumpleaños.

31

En este mensaje abordo el tema de la amistad. Hay tantas cosas que se han escrito y que pueden decirse acerca de la amistad, pero creo que la mejor manera de aprender al respecto nos llega cuando la vida nos pone enfrente a un verdadero amigo, como el que aquí describo.

En este amigo encontré apoyo, confianza, ánimo. Y mis pequeñas tragedias que enfrentaba en la adolescencia fueron menos trágicas al compartirlas con mi amigo.

Cuando publiqué este mensaje en el periódico, por la falta de espacio, no pude explicar porqué le decíamos Robin a Fernando, pero aquí sí lo haré.

Su hermano Leobardo era líder de la manada de lobatos, el grupo de niños en los Boy-Scouts. En ese grupo, a los líderes se les da el nombre de alguno de los personajes del Libro de la Selva. Al jefe máximo se le llama Akela, que era el líder de la manada de lobos en esa historia. Leobardo era el sub-jefe, y se le llamaba Baloo (el oso en la historia). Al tener ese nombre de la selva, los lobatos le empezamos a decir Batman (Baloo -> Batman). Y como Fernando era su hermano menor, pues le empezaron a decir Robin.

Esa es la simple historia de su apodo, y así, simple, fue nuestra amistad, mas no la huella que ese amigo dejó en mi vida, así que si tienes un amigo así, valóralo. Y si tú eres un amigo así, te felicito de corazón.

En base a lo que dice Erich Fromm, puedo decir que apreciaba a Robin no solo por lo que él era, sino por lo que yo era cuando estaba con él, que me parece que es lo que distingue la verdadera amistad.

ROBIN

"Tuve un amigo que se fue con el alba. Él volaba conmigo compartiéndome sus alas".

Así reza una canción de Alberto Cortés, y así tuve yo también un amigo. Su nombre, Fernando Alberto Olvera Cavazos, pero sus amigos lo llamábamos Robin.

Era un año mayor que yo y lo conocí en el grupo de Boy-Scouts, yo de 12 años; éramos tan diferentes como el día y la noche. Yo era un jovencito de casa obediente a mis padres, él era un rebelde que a veces escapaba de su casa para vivir unos días libre. Yo era tímido e introvertido, él era alegre y carismático. Yo vivía con miedo en ese entones, él parecía retar a la vida.

Pero me conoció y no sé porqué, empezó a compartirme sus alas. Me brindó confianza y me abrió las puertas de su casa. Platicaba conmigo y me ponía atención, poniendo su mano en mi hombro y dándome palabras de ánimo. Yo me sentía tan protegido con él como se puede uno sentir con un amigo verdadero y el mundo me parecía un lugar menos atemorizante cuando veía la confianza con que él lo enfrentaba. Él representaba todo lo que yo no me atrevía a ser.

Recuerdo que en un campamento, Robin nos propuso a otro compañero y a mí que hiciéramos un refugio en un lugar algo apartado de donde estaban los demás. Cuando dieron el toque de queda nos fuimos los tres sigilosamente al refugio que habíamos construido, encendimos una fogata y estuvimos hasta altas horas de la noche platicando. Él nos habló de los planes que tenía, lo que quería hacer en la vida. Yo no supe qué decir al respecto en ese momento, pero anhelaba algún día llegar a tener alas, como esas que Robin me prestaba para soñar. Pasamos esa noche en el refugio y a la mañana siguiente, cuando sonó el llamado para reunirse, regresamos con los demás. Y así pasaron algunos años. Unos pocos años realmente.

Un domingo por la mañana estaba yo en casa de otro amigo y me habló mi madre para pedirme que viera el periódico. En un evento que fue muy sonado en la ciudad, Robin y su hermano mayor, Leobardo (Baloo), habían perdido la vida el día anterior. Habían atendido el llamado para reunirse en un campamento diferente, en una esfera diferente. Robin tenía 17 años.

Nunca he vuelto a ver una procesión tan grande como cuando fuimos a entregar sus restos al panteón. Seguramente muchos otros también habían volado con las alas de esa alma libre.

Al terminar el servicio, la gente se fue retirando poco a poco. Finalmente me quedé solo frente a la tumba de mi amigo y entonces pude romper a llorar libremente.

Cuando terminé de desahogar mi corazón, reuní algunas piedras y formé sobre su tumba el símbolo de "fin de pista", aquel que usábamos para indicar que el recorrido había terminado en las competencias de seguir pistas en el campo y que también significaba "misión cumplida". Le dije "hasta luego", le deseé buen viaje y regresé caminando el largo trecho a casa, ya al caer la noche.

Dice también Alberto Cortés, "cuando un amigo se va, queda un tizón encendido que no se puede apagar ni con las aguas de un río". El recuerdo de aquella fogata junto al refugio no lo han podido apagar las aguas del tiempo. A veces imagino que estoy frente a esa fogata platicándole a Robin lo que ha sido de mi vida; siento su sonrisa de aprobación y su mano en mi hombro como tantas veces lo hizo y le doy gracias a Dios por haberme permitido tener un amigo así.

En un sabio libro leí la siguiente frase: "La misma sociabilidad que existe entre nosotros aquí, existirá también allá, pero la acompañará una gloria eterna que ahora no conocemos". Me llena de gozo saber que los lazos de amistad no terminan en este mundo y que algún día podré hacer lo que no alcancé a hacer aquí: darle las gracias a Robin por haberme prestado sus alas cuando yo las necesitaba y no las tenía, y mostrarle con orgullo las alas que llegué a formar y que en buena parte él me ayudó a iniciar.

En esta ocasión solo he querido brindar un pequeño homenaje a alguien que en vida me homenajeó como si fuera yo el rey de Inglaterra, a pesar de ser solo un tímido muchacho. Gracias Robin, Quiero que sepas que aún conservo la camiseta en donde hiciste un dibujo y aquella fotografía que tomaste. Gracias por la amistad y las alas. Nos veremos cuando suene el llamado.

Ejercicios de aplicación y reflexión

1. Piensa en la persona a la que consideres tu mejor amigo(a).
2. Haz una lista de las cualidades o características de esa persona. ¿Qué has encontrado en él (ella) para considerarlo(a) tu mejora amigo(a)?
3. Anota en tu diario: "Estoy agradecido de tener este(a) amigo(a) porque..."
4. Piensa en la parte que tú aportas en esa amistad.
5. ¿Hay algo que podrías hacer para convertirte en un(a) amigo(a) mejor para esa persona?
6. Si lo deseas, escribe una carta a esa persona agradeciéndole por su amistad.

32

Se dice, y se dice bien, que la felicidad no es un destino, sino un trayecto, esto es, que la felicidad no depende de que alcancemos algo, sino de la actitud que mantenemos mientras lo estamos buscando, de la forma en que vivimos nuestra vida cada día.

Vi en una ocasión una caricatura que me gustó mucho. Está un niño leyendo una lápida en un panteón, y la inscripción dice: "Aquí yace un hombre que iba a ser feliz mañana".

A veces se nos va la vida en esperar ese mañana en el que pensamos que seremos felices, y decimos: "Cuando termine la escuela voy a ser feliz". Terminamos la escuela y entonces decimos: "Cuando encuentre un buen trabajo voy a ser feliz". Y luego: "Cuando me case", "cuando tenga hijos", cuando tenga una casa propia", "cuando...", "cuando...", "cuando...". Y así se nos va pasando la vida esperando ese "cuando" que parece no llegar, hasta que un buen día nos sorprende la muerte y el tiempo para ser felices aquí se termina.

No le veo mucho sentido a vivir así, ni creo que sea necesario vivir una vida libre de problemas y carencias para poder encontrar la felicidad. Pienso que todos tenemos la capacidad de definir lo que queremos, y que mientras estemos luchando por ello, tendremos una esperanza que nos dé fuerzas, pero aún en medio de la lucha podemos tener gozo en nuestro corazón.

Así que deja que la gaviota viva su vida de la manera que fue establecido para ella, y tú busca alcanzar el destino que fue creado para ti, pues es en esa búsqueda que encontramos la felicidad.

EL HOMBRE Y LA GAVIOTA

Todos los días, al nacer el alba, allá en el mar, una gaviota despierta, emprende el vuelo y pasa buena parte del día buscando el alimento para sí y para sus críos, después de lo cual regresa al nido y toma un descanso, para volver a empezar al día siguiente.

Todos los días, al nacer el alba, en cualquier parte del mundo, un hombre despierta, emprende un recorrido y pasa buena parte del día trabajando para llevar el alimento para sí y para su familia, después de lo cual regresa a casa y toma un descanso, para volver a empezar al día siguiente.

La diferencia entre los dos es que la gaviota actúa por instinto, mientras que el hombre tiene la capacidad de ser un observador de fenómenos.

El hombre tiene la capacidad de preguntarse por qué y para qué hace todo eso y de buscarle un sentido a lo que hace. El hombre tiene la capacidad de preguntarse si es feliz, y si no lo es, tiene la capacidad de hacer algo al respecto para modificar el rumbo de su vida. Tiene la capacidad de no vivir tan solo como una gaviota, por instinto, por inercia. Que use o no esa capacidad, eso ya es otra historia.

Hay un ejemplo precioso de este principio en una escena de la película "En busca de la felicidad" con Will Smith y su hijo Jaden.

En esa escena, Chris Gardner, el personaje que representa Smith y que por cierto es una persona de la vida real en cuya vida se inspiraron para la película, va caminando por las calles de San Francisco. Sus hombros denotan el agobio de su lucha diaria por obtener el alimento para él y su hijo sin tener un hogar y cargado de deudas. Pasa por una institución financiera y ve salir a los trabajadores felices, animados, conversando alegremente unos con otros, y entonces hace la reflexión y se hace la pregunta que cambiaría su vida, diciendo: "Todos se veían endiabladamente felices. ¿Por qué no me veía yo así?". Esa pregunta, esa observación de ese fenómeno (porqué otros eran felices y él no), lo llevan a tomar decisiones y tomar acciones que con el tiempo y con no poco esfuerzo, lo ayudan a alcanzar las metas que se propuso para ser feliz y vivir tranquilo.

El buscar y perseguir la felicidad es una decisión personal. Hay personas que se resignan a vivir como la gaviota, en automático. Viven una vida rutinaria cada día, sin encontrarle un sentido a su esfuerzo y aceptando condiciones que no solo no las hacen felices. Las hacen endiabladamente infelices. Pero nunca se preguntan por qué han aceptado vivir así. Han sepultado su capacidad de ser observadores de fenómenos y con ello, la posibilidad de ser felices.

Como dice Sean Covey en "Los 7 Hábitos", tal vez estas personas sientan cierta seguridad en el hecho de sufrir. Se trata de un estado que conocen bien y cambiar les produce temor.

Tal vez piensen (cito nuevamente a Covey): "Quizá si sigo sufriendo lo suficiente, mis padres, mi pareja o alguien sí sentirá pena por mí y empezará a quererme". Desafortunadamente, como les digo a mis alumnos, las relaciones sanas no se basan en la lástima. La lástima, si le quitan el acento, dice lastima. La lástima lastima. No podemos aspirar a crear relaciones sanas en base a ese sentimiento.

O tal vez piensen que algún día Dios milagrosamente corregirá el caos que existe en sus vidas sin que ellos tengan que hacer nada de su parte.

Pero vivir así no es vivir, y a este mundo fuimos enviados no solo para buscar la felicidad, sino para encontrarla y hacerla nuestra.

No hablo de vivir una vida egoísta en la que obtenga mi felicidad a costillas de la infelicidad de otros. Eso tampoco me dejará una felicidad duradera.

Tal vez, de manera simple y como lo define Jorge Bucay, "la felicidad es la certeza de no sentirse perdido".

El saber que voy por el camino que yo elegí o que yo acepté por convicción propia, buscando la mejor manera de dejar una huella positiva de mi paso por este mundo, hará que me sienta menos como una gaviota, y más como un hombre. Como un verdadero ser humano.

Ejercicios de aplicación y reflexión

1. Pregúntate sinceramente: "¿Soy feliz? ¿Estoy viviendo realmente la vida que deseo vivir?". Si la respuesta es no, anota en tu diario cuál crees que sea la causa de tu infelicidad o qué crees que te haría feliz. Tómate varios días para este análisis y hazlo lo más exhaustivo que puedas. Sé objetivo. No pongas cosas como "quisiera vivir en unas vacaciones permanentes en Hawai rodeado de gente bonita y tres sirvientes a mis órdenes". Se trata de pensar en algo que le dé sentido a tu vida y a lo que haces.
2. Define qué acciones tendrías que realizar para avanzar hacia ese estado que te permitiría sentirte más feliz.
3. Ponte metas concretas con fechas objetivo y avanza hacia tus metas. Ve registrando en tu diario tus logros y avances.
4. Disfruta el viaje desde un inicio y no dejes de avanzar.

33

Al momento de escribir este mensaje, mi querida ciudad de Reynosa pasa por una de sus experiencias más tristes: una explosión en instalaciones de Pemex provocó la muerte de más de 30 personas y dejó heridas a más de 40.

Escribí esta columna el mismo día de la tragedia, antes de saber que ésta había ocurrido, y hablo de lo que pienso que pasa después de la muerte.

Cuando se publicó en el periódico, dediqué la columna a los familiares de las víctimas del accidente, y como lo mencioné ahí, "la dedico no como una palabra de consuelo, porque sé que eso es difícil de obtener en estos momentos, sino como una palabra de esperanza". Pienso que la experiencia personal que aquí comparto puede llevar algo de esperanza a éstas y otras personas que han perdido seres queridos.

Mencioné también al dedicar la columna que pensaba, por las reseñas que se estuvieron publicando de la vida de algunas de las víctimas, que seguramente muchas de esas buenas personas que murieron debían haber vivido su vida guiados por los preceptos de la oración scout que aquí menciono, aún sin haberla ellos conocido.

Y compartí mi convicción de que esas personas seguirían dando su amor sin medida a sus seres queridos. Y seguirían escuchándolos.

Todos hemos perdido alguna vez a algún ser querido, pero para todos existe la misma esperanza.

¿NOS ESCUCHAN DEL OTRO LADO?

Hace dos semanas, cuando empecé a escribir la columna sobre mi amigo Robin, no recordaba con precisión si tenía él 17 o 18 años cuando murió, así que decidí ir al panteón a ver su tumba para confirmar este dato.

Siempre que había ido, no batallaba para encontrarla porque está cerca de la de mis padres y la lápida la reconocía fácilmente, ya que el grupo de scouts mandamos grabar sobre ella la oración scout, así que solo buscaba la que tenía muchas letras y esa era.

Sin embargo, en esta ocasión, no lograba encontrar la tumba. Recorrí varias veces los pasillos por donde recordaba que estaba, buscando la ya muy conocida lápida de muchas letras y no daba con ella. Caminé y caminé por entre las hileras bajo el candente sol por espacio de más de media hora, extendiéndome incluso a todos los pasillos de esa sección.

Ya desesperado, me atravesé a la sección contigua para buscar ahí, pensando que tal vez me había dado Alzheimer y estaba buscando en la sección equivocada, pero igual de infructuosa fue mi búsqueda en esa otra sección.

Desalentado y sudado me senté en una barda de poca altura que había por ahí, volteando para todos lados sin entender qué ocurría, y entonces me dirigí a Robin y le dije: "Amigo, estoy escribiendo una columna sobre tu persona y necesito confirmar un dato, pero no logro encontrar tu tumba; necesito que guíes mis pasos como muchas veces, literal y figuradamente, lo hiciste en vida, y me ayudes a encontrarte".

Di un último recorrido en la sección en la que estaba y nada, así que decidí retirarme. Al regresar a la sección en la que me había estacionado, sentí el impulso de no irme en línea recta, que era hacia donde estaba el carro, sino de tomar el pasillo de la derecha, desviándome un poco.

Ese pasillo ya lo había recorrido varias veces, pero algo (¿o alguien?) me dijo que lo recorriera nuevamente.

Poco antes de la mitad de ese pasillo, había una tumba a la que no había prestado atención porque siempre caminé con la vista hacia abajo, buscando la oración scout inscrita en la tumba de Robin, y ésta otra era una tumba con paredes de cristal que se elevaban a más de dos metros de altura.

Empecé a atravesar esa tumba nuevamente sin prestarle atención, pero al ir pasando exactamente por el frente, sentí como si alguien me gritara: "HEY!". Levanté la vista y ahí, grabado en el cristal, leí: "Fernando Alberto Olvera Cavazos", y dentro de las paredes de cristal, vi una fotografía de mi amigo, que parecía observarme divertido. Ahora, además de los nombres de Fernando y Leobardo, aparecía también el de su mami, que falleció en el 2005 y después de lo cual, por lo visto, sus familiares cambiaron la tumba, jugándome una mala pasada sin querer.

Pueden existir muchas teorías acerca de lo que pasa después de la muerte. Todas las respeto. En lo personal, veo esta vida como un parpadeo entre dos eternidades. Pienso que existimos como espíritus antes de tomar un cuerpo físico. Que a fin de seguir progresando fuimos enviados a este mundo, con lo cual, así como una mano entra en un guante y le da movimiento, el espíritu toma una morada temporal. Esta morada, que es el cuerpo, al cumplir su función, es abandonado, la mano sale del guante y éste queda en la tierra, pero el espíritu nace a una nueva esfera, tal como una mariposa que sale del capullo, para vivir en una segunda eternidad. Algún día, cuando así se disponga dentro de un plan divino perfecto, la mano y el guante se volverán a unir.

Y pienso que esos espíritus sí nos escuchan del otro lado, y cuando los necesitamos, están ahí para ayudarnos, como lo pude comprobar en esta ocasión.

En la tumba de Robin antes se leía: "Señor, enséñame a ser generoso; a servirte como lo mereces; a dar sin medida; a combatir sin miedo a que me hieran; a trabajar sin descanso, y a no buscar más recompensa, que el saber que hago Tu voluntad". La oración scout. Ya no se lee eso en su tumba, pero sé que Robin sigue viviendo así y que algún día volveremos a decir juntos esa oración.

Ejercicios de aplicación y reflexión

1. A la manera que tu fe lo establezca, eleva una oración en comunicación con algún ser querido especial. Platica con él o ella como si estuviera presente.
2. Resuelve con él (ella) cualquier pendiente que te haya quedado: pedirle perdón por algo, darle las gracias, etc.
3. Platícale lo que ha sido de tu vida, tus alegrías, tus tristezas, tus experiencias más significativas.
4. Trata de sentir el amor que todavía te prodiga esa persona. Siéntelo en el viento, en la música, en cada célula de tu cuerpo.
5. Da a tu espíritu y a tu corazón la paz y la tranquilidad que vienen de saber que esa persona está cerca de ti y que algún día le volverás a ver.
6. Escribe en tu diario los pensamientos y sentimientos que llegan a ti al hacer este ejercicio de acercamiento con él o ella.

34

Estoy convencido de que, si nos lo proponemos, podemos hacer una diferencia en nuestra vida y en la de los que nos rodean.

Pero ¿una diferencia en qué? ¿qué significa "hacer una diferencia"?

Cada quien puede tener su propia idea de lo que esto significa. Aquí, a continuación, yo comparto la mía:

Significa que en lo más importante, mi familia, me esfuerzo porque ellos me consideren una bendición y no una carga, brindando no solo el sustento material, sino sobre todo, apoyo en lo emocional y amor incondicional. Significa que si creo que las familias son eternas, me esfuerzo porque ellos quieran vivir conmigo en la eternidad.

Significa que, sin importar el tipo de trabajo que tenga o la actividad productiva a la que me dedique, por muy sencilla que ésta sea, me esfuerzo por hacerla con excelencia, y que además trato de fomentar un ambiente de trabajo agradable, en el que no haya rudeza innecesaria y los problemas se traten de resolver en un ambiente de equipo y compañerismo.

Significa que, siendo miembro de una comunidad, me esfuerzo por encontrar maneras de mejorar ésta, en lugar de concentrarme en encontrar cosas qué criticarle, y que trato de poner mis talentos, pocos o muchos, al servicio de mis conciudadanos, buscando maneras de impactar positivamente en sus vidas y dejar una huella que merezca ser recordada.

Significa que vivo mi vida consciente de que algún día tendré que rendir cuentas de cada acto que realicé y cada palabra que pronuncié, para que con esa visión en mente, pueda vivir sin miedo de pensar en cuando llegue ese momento.

Así que te invito a darlo todo para hacer una diferencia para poder vivir tranquilo, y sobre todo, poder partir tranquilo cuando así nos sea requerido de allá arriba.

Estoy seguro que tratar de vivir así, producirá una vida que habrá valido la pena y que definitivamente será recordada con cariño.

¿DISTE TODO?

Hace algunos años, cuando mi hijo Manuel tenía unos 9, fuimos un sábado en la tarde a un parque cercano a la casa para echarnos un partido de béisbol.

Con la típica creatividad de los niños, Manolito me dijo cómo le hiciéramos para anotar carreras, aunque solo fuéramos él y yo. Uno batearía, correría hasta donde llegara en las bases, y luego a partir de ahí se le volvería a "pichar" para que siguiera corriendo hasta anotar carrera.

Tengo por política personal que cuando juego con niños los dejo ganar, así que en la última entrada, "coincidentemente", mi hijo anotó las carreras que necesitaba para ganarme.

Cuando regresábamos a casa, noté que el niño iba muy pensativo, así que le pregunté qué le pasaba. Él se quedó unos momentos pensando y luego me dijo: "Papá, ¿en verdad diste todo?". Él quería saber si me había ganado en buena lid o si lo había dejado ganar.

Titubeé un poco, pero le respondí: "Pues...sí hijo, sí di todo" y ya el niño se quedó muy tranquilo y contento.

Este incidente me hizo pensar que algún día, cuando este partido llamado "vida" termine, el Creador me va a hacer la misma pregunta: "¿En verdad diste todo?".

A diferencia de como ocurrió con mi hijo, me gustaría poder responderle sin ningún titubeo: "Sí Señor, sí di todo".

Me gustaría poder responder que sí di todo como esposo, esforzándome por hacer feliz a mi compañera y manteniéndome leal a ella, sin importar ni el tiempo ni las dificultades.

Me gustaría poder responder que sí di todo como padre, buscando tener con mis hijos una relación de amor y de confianza en la que ellos supieran, sintieran y comprobaran que podían contar con su padre para ayudarlos.

Me gustaría poder responder que sí di todo como empleado, tratando de cumplir mis obligaciones laborales con pulcritud y excelencia.

Y me gustaría poder responder que sí di todo como ciudadano de este mundo, buscando maneras de dejar cualquier lugar al que llegara en mejores condiciones que como lo encontré.

Ciertamente el darlo todo no significa que no hayamos cometido errores, pero se trata de que el tamaño de nuestros aciertos, supere con creces el tamaño de nuestros errores.

Una de las imágenes más grabadas que tengo de mi padre, es estando él sentado en la sala de la casa, leyendo. Siempre leía. En uno de mis recuerdos más remotos, de cuando tendría yo unos siete años, está mi padre así, leyendo. Yo juego cerca de él con un carrito. Me acerco a él y me llama la atención una de las revistas que estaba leyendo. La abro, y leo algo que me impacta y que deja en mí una huella que no he olvidado.

Era el relato de un hombre que recordaba que cuando él era niño, vio que su padre recibió una carta de un predicador en la que le invitaba a mudarse a vivir a su ciudad, y le decía que ellos consideraban que esa comunidad sería mejor si él llegaba a vivir con ellos. Siendo niño, decía quien relataba, le había impresionado el pensar cómo un solo hombre podía hacer una diferencia así, al grado de pensarse que toda una comunidad podía ser mejor gracias a él. ¿Son nuestras comunidades, hogares y lugares de trabajo mejores porque nosotros estamos ahí?

Pienso que cuando nos esforzamos por "darlo todo" y lo hacemos de corazón, nos podemos convertir en ese tipo de personas que hacen ese tipo de diferencia y alcanzamos entonces la medida de nuestra creación, el propósito para el que fuimos enviados aquí.

Al día siguiente de esa ocasión en que jugué béisbol con mi hijo, me dolían hasta las pestañas de tanto correr (¿qué no le duele a uno al acercarse a los cincuenta?). Al día de hoy, creo que ahora es él, mi muchachote de 13 años, el que me deja ganar a mí, pero le agradezco por haberme ayudado a hacer esta reflexión que me recordó la importancia de vivir para hacer una diferencia, de manera que cuando nos toque "cambiar de estadio" podamos partir tranquilos, y dispuestos a seguir dándolo todo en el nuevo partido en que nos toque alinear.

Ejercicios de aplicación y reflexión

1. Define qué significaría para ti "darlo todo".
2. Reflexiona si estarás dispuesto a pagar el precio que implica "darlo todo".
3. Haz en tu diario una lista de las cosas que tendrías que hacer o los cambios que tendrías que realizar para vivir una vida que haga una diferencia.
4. Redacta una declaración de compromiso, más o menos en los siguientes términos: "Yo_____(tu nombre)_____, deseo vivir una vida que 'haga una diferencia', y para ello estoy dispuesto a hacer lo siguiente:" y ahí anotas lo que hayas definido en el punto anterior. Firma la declaración, si es posible enmárcala, y colócala en un lugar en donde la puedas ver y leer continuamente.

5. Si lo deseas, comparte tu compromiso con tus seres queridos y pídeles que te ayuden a saber si estás logrando tu cometido o te estás desviando.
6. Mide tu avance por el respeto y aprecio que ganes con quienes te rodean.
7. Si haces todo lo anterior, prepárate para recibir grandes satisfacciones, de esas que no se compran con dinero.

35

Cuando mi esposa supo que iba a tratar este tema en una columna, me dijo: "Van a decir que eres mentiroso". Yo le pregunté porqué y me dijo: "Porque es raro que alguien hable así".

Tal vez es cierto. Tal vez soy un bicho raro que sigue profundamente enamorado de su esposa después de 30 años de haber iniciado una relación.

Tal vez soy un bicho raro que cada día le agradece a Dios por tenerla a mi lado, pero es que hubo días en que pensé, cuando ella enfermó, en que no estaba seguro si al día siguiente ella seguiría conmigo.

Una joven del D.F. que publica videos en YouTube, que da conferencias y es bastante conocida y a quien le compartí algunos de mis mensajes, me escribió felicitándome por ellas y comentando lo siguiente:

"Me encanta ver cómo presumes a tu familia. Tiene mucho que no veo eso en alguien. Casi siempre me toca oír quejas, quejas, quejas. Haces una gran labor con esto que publicas en el diario."

Yo no sé si sea una gran labor o no, pero de que me gusta presumir a mi familia, eso que ni qué. Y en esta ocasión específicamente presumo de mi "noviazgo" de 30 años con mi esposa.

Creo que cuando nos centramos en todo lo bueno que un matrimonio unido nos puede dejar, no queda tiempo para quejas, aún y cuando hubiere motivo para ellas.

ESTELA DE AMOR

El día que estoy escribiendo esta columna, estoy cumpliendo 30 años de que nos hicimos novios mi esposa y yo, fecha que hemos festejado cada año desde entonces. La verdad es que nunca le pedí que fuera mi novia. Le robé un beso y dimos por hecho que ya lo éramos.

De jóvenes y recién casados, acostumbraba cantarle una canción de Raúl Vale llamada "Cuando ya estemos viejos".

La canción habla de seguirse amando profundamente aún cuando ya hayan empezado a aparecer las canas y las arrugas.

Habla de que el tiempo no lograría vencer el amor, y que éste sería nuevo, "aunque ya estemos viejos". Al final, dice:

"Y si un día, al llegar el invierno, sientes que mi cuerpo se pierde en el silencio, y que ya no tengo fuerzas ni para robarte un beso, por favor, recuerda siempre que aunque la muerte es la siguiente etapa de los viejos, también en ella, desde allá, te seguiré queriendo".

Cuando se es joven, no es difícil decir estas cosas. Lo importante es seguirlo haciendo cuando ya las canas, las arrugas, las enfermedades y otras cosas han empezado a aparecer.

Como decía en alguna columna anterior, el éxito en el matrimonio consiste en enamorarse varias veces, siempre de la misma persona. Ya perdí la cuenta de las veces en que me he reenamorado de mi esposa.

Cuando tengo la oportunidad de dar alguna plática a varones los invito a ejercitar la buena memoria. A mantener vivo en sus recuerdos lo que sintieron cuando pasaron por su ahora esposa cuando iban a salir la primera vez. La emoción que los abrasó (que les provocó brasas en el corazón) cuando ella aceptó ser su novia, cuando le dieron el primer beso y esas experiencias que solo se viven una vez, pero cuyo recuerdo puede perdurar por siempre. Mantener la buena memoria para ese tipo de cosas ayuda y fortalece la relación. Y aunque el amor apasionado tal vez sea propio de la juventud, el tiempo nos va enseñando que hay otros tipos de amor igual de gratificantes: el amor sosegado y tranquilo que viene de saber que han luchado juntos las batallas de la vida y que en esa persona se tiene también un amigo y compañero que nos complementa.

Escuchaba el otro día una canción bellísima de Santiago Cruz acerca de dos enamorados ya en sus años de oro. Describe una mujer de 75 años que, como una adolescente, siente mariposas en la panza cuando lo ve.

Él, de 80, se siente renovado, y aunque su piel esté marchita, sus latidos gritan. Sus cuerpos están cansados, pero sus ojos siguen llenos de amor.

Como un par de adolescentes, él la lleva a caminar y le dice que es hermosa, que le llena el corazón.

Y termina diciendo:

"Para sentir nunca es tarde y ella lleva pañoleta y se siente muy coqueta. Para vivir nunca es tarde y él le lleva su sombrero cuando ya se ha ido el sol."

Todavía las siento, y espero seguir sintiendo mariposas en la panza cada vez que vea a mi esposa aun cuando ya estemos viejos.

Sí, cada vez nos falta menos para eso, pero el tiempo no se siente cuando la estela que se va dejando es la de una historia de amor, unión y lealtad, y cuando eso se valora tanto como para agradecer a Dios, cada día al despertar, por poder tenerla un día más junto a mí.

Por ahora, solo quisiera hacerle la pregunta que me faltó hacerle hace 30 años: Rossy, ¿quieres ser mi novia? Ya sé lo que me va a contestar. Que no sea ridículo. Bueno, así la amo.

Ejercicios de aplicación y reflexión

1. Reenamórate de tu esposa(o).
2. Si crees que no puedes hacerlo, recuerda que amar es una decisión personal.
3. Vuélvete una persona amable (alguien a quien sea fácil amar).
4. "Presume" ante otras personas lo bueno de tu esposo o esposa.
5. Ejercita la buena memoria. Revive en tu mente esas experiencias únicas de cuando empezaron su relación

36

En lo que hemos llamado en la UTT de Reynosa (Universidad Tecnológica de Tamaulipas Norte) el Proyecto de Desarrollo Humano, comparto con todos los alumnos de la universidad una conferencia mensual a lo largo de su estancia en la escuela, en donde trato temas parecidos a los de estos mensajes en la botella.

Cuando ya estoy en los últimos temas, les menciono el chascarrillo con el que empiezo este mensaje, haciéndoles notar que todas estas cosas no les ayudarán en nada, a menos que las pongan en práctica. Les digo: "Si ustedes, al salir por esa puerta, siguen pensando y actuando igual que cuando entraron, esto no habrá pasado de ser un mero rato de esparcimiento".

El éxito es una de esas cosas que todos decimos querer alcanzar, pero que no todos hacemos lo que tendríamos que hacer para poder lograrlo (¿Recuerdan la "Operación Brújula"? – Mensaje número 16).

En esta columna comparto un principio que nos ayudará a alcanzar el éxito. Claro, siempre y cuando lo pongamos en práctica. El solo leerlo y conocerlo no es suficiente.

LAS 4 D's PARA ALCANZAR EL ÉXITO

Habrán tal vez escuchado aquel chascarrillo que habla de la ocasión en que tembló en una comunidad enclavada en lo más alto de la sierra de Oaxaca, un lugar en el que no había más medio de comunicación que el telégrafo y correo tradicionales.

Las autoridades del gobierno del estado detectaron con sus instrumentos en la capital que en esa apartada comunidad había habido un temblor de 5 grados en la escala de Richter, y el gobernador, preocupado y queriendo saber cómo estaba todo por allá, le manda un telegrama al presidente de esa comunidad en los siguientes términos: "Detectóse movimiento telúrico en su área. 5 richter. Favor de reportar flora y fauna".

Pasan los días y las semanas y no se recibe contestación. Allá como un mes después, recibe el gobernador una carta en respuesta a su telegrama, que decía lo siguiente: "Estimado Señor Gobernador, con todo respeto doy contestación a su atento telegrama. Informo a usted que el movimiento de Telúrico ya fue identificado y éste ya se encuentra preso. Los 5 richter no los hemos localizado, pero tenemos a toda la ministerial buscándolos y confiamos en que pronto los atraparemos. Por otro lado, informo a usted que Flora ya se sintió mejor y acudió a trabajar, mientras que Fauna todavía se encuentra indispuesta". Y continúa diciendo: "Señor Gobernador, pido a usted una disculpa por no haber podido responderle antes, pero ha de saber que tuvimos un terremoto aquí el mes pasado que pa´ qué le cuento!".

Este cuentecillo lo utilizo a veces en mis conferencias para ilustrar la importancia de entender lo que se nos dice, señalando a los muchachos que todo lo que yo les trato de decir cuando les hablo, es que todo eso no sirve de nada, a menos que lo pongan en práctica.

Y cuando se trata de desarrollar un nuevo hábito, de adquirir alguna nueva habilidad o actitud como las que menciono en esas conferencias o de alcanzar cualquier meta personal, es imprescindible, para tener éxito en lo que nos propongamos, utilizar las 4 D's siguientes:

1.- DESEO.- Todo empieza con el deseo de querer hacer algo. Si ni siquiera tengo el deseo, menos lo voy a poder hacer. Cuando escribí en una columna anterior sobre lo que llamé la "Operación Brújula", mi alumna Laura Virginia Trejo, una chica excelente, se acercó conmigo a pedirme sugerencias para aplicar ese concepto para fortalecer la unión en su familia. Así empieza todo, con un deseo.

2.- DETERMINACIÓN.- Tomar la determinación de hacer algo es proponerse firmemente hacerlo a pesar del desánimo, la aparente falta de tiempo o cualquier otro obstáculo que se pueda presentar. Siempre he dicho que si los deseos de año nuevo se convirtieran en las determinaciones de año nuevo, tendrían una vida útil mucho mayor. A veces nos quedamos solo en el deseo y eso no ayuda. Hay que pasar al siguiente nivel.

3.- DEDICACIÓN.- Lo que sigue es precisamente dedicarle el tiempo y los recursos necesarios para alcanzar lo que buscamos. Se dice que el éxito es 1% inspiración y 99% transpiración. O sea, hay que sudar la camiseta. No hay desayuno gratis. Todo cuesta en esta vida, al menos, las cosas que valen la pena. En otras palabras, "pídele a Dios que bendiga tu trabajo, pero no esperes que Él lo haga por ti". Así que si ya lo deseaste y ya tomaste la determinación, aplica ahora el factor DNA. "Despega las...Nachas del Asiento".

4.- DISCIPLINA.- Mucha gente empieza algo, pero pocos lo terminan. ¿Por qué? Porque les falta la disciplina para seguir adelante. Lo difícil no es empezar, sino llegar hasta el final, perseverar lo necesario hasta alcanzar la cima de aquella cumbre que nos propusimos conquistar.

Así que, Laurita o cualquier persona que encuentre este mensaje en la botella, recuerden: "D + D + D + D = ÉXITO". Es una fórmula tan importante como la conocida fórmula de Einstein, "$E = mc^2$", porque aún para descubrir esta fórmula, el famoso genio tuvo que aplicar la primera.

Conseguir el éxito no es cuestión de suerte. Si se aplican principios como éste, entonces, como el día sigue a la noche, el éxito llegará de forma natural, aunque a veces tarde un poco.

Ejercicios de aplicación y reflexión

1. Piensa en algo que te gustaría alcanzar, alguna meta que tal vez has estado postergando por mucho tiempo.
2. Escribe en tu diario: *"Mi Deseo es:..."* y describe ahí esa meta.
3. Agrega en tu diario: *"Para poder lograr esta meta, estoy determinado a hacer lo siguiente:..."* y anota ahí todo lo que estarías dispuesto a hacer para poder lograr esa meta.
4. Después de hacer lo anterior, deja de leer, deja de escribir, Despega las...Nachas del Asiento y ponte a hacer algo para avanzar en la consecución de tu meta.
5. Ve registrando en tu diario los avances que vayas logrando.
6. Lee frecuentemente tu deseo y los demás puntos que has registrado para que eso te dé el ánimo y te ayude a mantener la disciplina para seguir adelante.
7. Cuando obtengas algún avance significativo, date un pequeño premio. Lo tienes bien merecido.
8. Cuando finalmente logres la meta describe en tu diario cómo te sientes y lo que eso ha significado para ti, así como lo que aprendiste en el proceso. Eso te ayudará a que en las próximas metas te resulte más sencillo seguir aplicando el método de las 4 D's.

37

Creo que el amor a las cosas materiales es una de las grandes fuentes de problemas entre los seres humanos.

Al grado de que a veces le damos más importancia a esas cosas que a las personas que nos rodean y especialmente a nuestro prójimo más próximo, que es nuestra familia.

Muchas veces es hasta que ocurre un problema grave o sufrimos una pérdida lamentable cuando valoramos a esas personas y añoramos volver a vivir los momentos que pasamos con ellos.

El principio que en este mensaje explico se refiere a no permitir que situaciones que son pasajeras afecten a relaciones que son eternas. O como también lo he dicho en otras ocasiones, "lo que importa más nunca debe quedar a merced de lo que importa menos".

Cuando damos a las cosas y a las personas el debido valor que les corresponde, nos ahorramos (y les ahorramos a ellos, nuestros seres queridos), muchos tragos amargos.

Porque hasta ahora, nunca he visto un taller que diga "Se reparan corazones rotos".

USAR LAS COSAS, AMAR LAS PERSONAS. NO AL REVÉS.

Cuando gané el concurso de Mi Compromiso con Reynosa del que ya hice referencia en una columna anterior, el premio fue un teléfono celular tipo palm con un montón de monerías.

Tenía unas 3 semanas de haberlo estrenado y una noche estábamos en casa solos Manolo y yo, el tenía entonces 8 años, y me dijo que si podíamos ir a comprar una nieve a un lugar que está a pocas cuadras de la casa, sobre un boulevard con mucho tráfico.

Fuimos, y al salir del establecimiento, parados sobre el boulevard, pensé en enviarle un mensaje a Rossy, así que saqué mi flamante celular y me dispuse a hacerlo, pero no sé cómo, el aparato se me resbaló de las manos y fue a dar al suelo. Cayó con la carátula hacia abajo, así que cuando lo levanté, vi que la pantalla estaba toda estrellada y por supuesto ya no prendió.

Volteé a ver a Manolito y parecía haberse quedado paralizado con su cono de nieve en la mano. Estaba pálido y me observaba fijamente con sus grandes ojos bien abiertos, esperando mi reacción, pues sabía que el aparato era nuevo.

Lo único que hice fue meterlo a su funda (al teléfono, no a Manolo), le hice un cariño con la mano (a Manolo, no al teléfono), le puse un brazo en el hombro al niño y le dije, "vámonos, papá" (así les digo de cariño a mis dos hijos varones) y regresamos caminando a casa platicando y disfrutando nuestra nieve.

Ya más tarde esa misma noche, nos disponíamos a dormir y me dice Manuel: "Papá, yo pensé que te ibas a enojar conmigo por lo del teléfono porque yo fui el que te pedí que saliéramos".

Me dio ternura su razonamiento y le dije: "Mira hijito, estábamos en un boulevard muy transitado. Podían haber pasado mil cosas. Algún vehículo que perdiera el control, algún accidente, y entonces podrías haber sido tú el que se rompiera en lugar del teléfono. El teléfono lo mando arreglar, pero a mi niño ¿quién me lo regresa?". Se quedó pensando y luego sonrió, asintiendo con la cabeza como diciendo "tienes razón". Por supuesto este incidente quedó registrado en su diario.

La vida me ha enseñado una lección: "Nunca permitas que la situación importe más que la relación", pero no siempre pensé así. Esta lección la aprendí de la manera difícil.

Muchos años atrás, cuando Dianita era todavía nuestra única hija, tenía ella unos cinco años y yo era un padre más inexperto, "con menos kilómetros recorridos" digamos.

Acababa yo de comprarme un perfume y lo tenía en una repisa. La niña andaba jugando por ahí y en un movimiento que hace, tumba el perfume, que cae al suelo y se hace añicos. Yo vi eso y con enojo le grité: "¡Ten cuidado!!"

Hasta la fecha, tengo todavía grabada en mi mente la expresión de horror en el rostro de mi niña al escuchar a su padre gritarle de esa manera tan ruda y las lágrimas que inmediatamente después brotaron a borbotones. No me han alcanzado los años para arrepentirme lo suficiente de haber hecho eso. Y así fue como aprendí la lección. "Nunca permitas que la situación importe más que la relación". Por eso siempre he dicho que mis hijos son mis mejores maestros.

Ellos me han enseñado que las cosas se usan y las personas se aman. A veces es fácil caer en lo contrario: Amar las cosas y usar las personas, pero así la fórmula no funciona.

Está un niño en la calle observando cómo se está quemando su casa. Se acerca alguien y le dice: "Pobrecito de ti, m'ijito, se quemó tu hogar". El niño responde: "No, mi familia sigue existiendo, así que todavía tengo un hogar, es solo que por ahora no tenemos dónde ponerlo".

El hogar es el mejor lugar para aprender que las cosas se usan y las personas se aman, y donde esté tu familia, ahí estará tu hogar, no importa si es una choza o un palacio.

Que no seamos como aquel ingrato que, estando la familia disponiéndose para comer, le pregunta su esposa: "¿te sirvo?" y el tipo le contesta: "Pues...a veces".

Dejemos de asignar el valor de las personas en función del beneficio que nos puedan reportar. Dejemos de aferrarnos tanto a las cosas y de sufrir cuando las perdemos. Las cosas finalmente se pueden reparar o sustituir. Con las personas muchas veces eso es imposible.

Ejercicios de aplicación y reflexión

1. Imagínate que pierdes una de tus posesiones materiales más preciadas (una casa, un carro, alguna joya, etc.). ¿Cómo te haría sentir eso?
2. Imagínate que pierdes sorpresivamente uno de tus seres más queridos. ¿Cómo te haría sentir eso?
3. ¿Cuál de los dos preferirías perder?
4. Finca el valor de las cosas y las personas en función de tu respuesta a la pregunta anterior.
5. Actúa en consecuencia.

38

Mi abuelo se vino de España y se naturalizó mexicano.

Tengo su acta de naturalización firmada por Porfirio Díaz (por cierto, qué fea letra tenía).

Conoció a una joven de por aquí y formaron una bella familia. Sin embargo, la tragedia pareció rondar esa familia. Ambos padres murieron en un corto lapso de tiempo, dejando en la orfandad a sus hijos, mi padre y sus hermanos.

El motivo que me llevó a compartir este mensaje sobre la familia de mi padre fue el pensar que, independientemente de las circunstancias que nos haya tocado vivir, todos tenemos la posibilidad de convertirnos en personas de bien, que dejen una huella positiva de su paso por este mundo.

Lo que hagamos con nuestra vida es una decisión personal. ¿Que puede ser difícil? No hay duda. Mi padre lo supo bien. Para poder subsistir en su temprana orfandad tuvo que trabajar de mil cosas: taxista, policía, evangelista (los que en las plazas escribían las cartas para las personas que no sabían escribir), transportando presos a las Islas Marías, y hasta de mensajero de Venustiano Carranza anduvo, viviendo a veces a salto de mata por los disturbios.

Igual de difícil la situación debió ser para sus hermanos. Pero todos ellos se sobrepusieron a la adversidad y lograron formar familias de bien.

De algunas de esas enseñanzas que me dejaron es de lo que hablo en este mensaje.

4 HERMANOS

En casa, tengo una fotografía muy antigua, de principios del siglo pasado.

En ella, se ve a un hombre sentado en un sillón. El hombre me recuerda las imágenes de José María Pino Suárez que veía en la primaria, con su traje oscuro y su bigote largo pero bien recortado. Su porte es gallardo.

Alrededor de él, dos jóvenes (14 y 12 años) y dos niñas (6 y 4 años) posaron también para la cámara que perpetuaría esa imagen.

Al momento de esa foto, la esposa de ese hombre y madre de los chicos, tenía poco de haber fallecido (es notoria su ausencia en la imagen).

Poco después de la foto, ese hombre viajó a París para ser intervenido de una dolencia y murió en el quirófano, siendo sepultado en aquella ciudad. Los jovencitos de 14 y 12 años quedaron como único apoyo y sustento de las niñas, una responsabilidad muy grande, me parece, para esa edad. A partir de ese momento, ellos dejarían la escuela y entrarían a la universidad de la vida, a trabajar en lo que pudieran, para dar estudio y alimento a sus hermanitas.

El hombre de la foto era mi abuelo, y los chicos, mi padre, Jesús (el de 12 años) y sus tres hermanos: Manuel, Isabel y Rebeca.

Conocí a los cuatro, pero llegué tarde a sus vidas (ya he comentado que yo nací cuando mi padre tenía 60 años). Aún así, en las postrimerías de su vida, de cada uno de ellos aprendí algo.

Cuando murió mi tío Manuel, en 1974, un avión de la fuerza aérea mexicana, fletado por el gobierno federal, trasladó sus restos de la ciudad de México, en donde murió, a Reynosa, la ciudad que amó y a la cual sirvió, y en la cual fue sepultado. Al pensar en el largo recorrido que debió haber sido el pasar de ser un huérfano sin estudios formales a ser presidente municipal, diputado local y federal, gobernador interino de Tamaulipas y senador de la república, aprendí de él que no hay obstáculo que se le resista a la voluntad de salir adelante con las armas y en las circunstancias que la vida nos dio.

De mi padre aprendí, entre muchas otras cosas, la generosidad. Mi madre nos platicaba de las muchas veces que, siendo presidente municipal también, le mandaba gente de escasos recursos a la farmacia que tenían para que les obsequiara alimentos o medicinas. Nos contaba también de un niño huérfano que él recogió en la calle y que crió por varios años. Tal vez hasta cierto punto se veía reflejado en ese niño. A pesar de su orfandad a corta edad, parece que mi padre, más que pedir, aprendió a dar. De su gestión como presidente y posteriormente como tesorero municipal, lo único que le quedó fue la gratitud en las mentes de aquellos a quienes ayudó. Pero como lo expresé en mi proyecto de vida antes compartido, "tuve un padre que al morir, me dejó la mejor y más maravillosa de las herencias: su sentir; su pensamiento; sus ideales por mejorar la vida de cuantos nos rodean; la convicción de que un acto honesto, callado, y en bien de quien sea, un mendigo o un millonario, vale más que una vida llena de riquezas mal habidas".

Isabel, o la famosa tía Chabela como la conocíamos en casa, era medio "vaciada", medio folklórica. Vaya, era la tía Chabela. Un poco dramática en ocasiones, pero buena gente. A veces se le quedaba viendo a un vaso de agua y decía con voz melosa: "tan linda el agua". Aprendí de ella a sentirme agradecido hasta por el vaso de agua que me tomo.

Y la pequeña Rebeca, la exquisita, la de dulce figura. Tengo muy presente una imagen del día en que fue sepultada. Estando ya el féretro para descender a la tumba, mi primo Moye (Modesto Garza), nieto de ella, se acercó y con ternura le dio un beso sobre el cristal del ataúd. Después del él, sus cinco hermanos hicieron lo mismo. Aprendí en ese momento la importancia de sembrar amor para poder cosechar un dulce recuerdo cuando nos toque partir.

4 hermanos. 4 ejemplos en mi vida. No logro imaginar cómo fue su niñez, debió ser muy difícil, pero al haberlos conocido y tratado en sus últimos años, tengo la seguridad de que el reencuentro con sus padres debió haber sido maravilloso, y que José y Carolina, mis abuelos, deben haberse sentido orgullosos de esos niños que tuvieron que dejar a tan tierna edad.

Ejercicios de aplicación y reflexión

(Por la similitud del tema, los ejercicios en este mensaje serían los mismos que en el mensaje 3 – Tu legado familiar).

39

La música.
La poesía.
El amanecer.
El atardecer.
La sonrisa de un amigo.
El aroma de las flores.
La suavidad de una caricia.
La mirada de un niño.
La fuerza del mar.
La quietud de una noche estrellada.
La bondad que hay en las almas.
El gozo de un trabajo bien hecho.
Las pinturas de Dalí.
Los aromas y colores de la navidad.
El calor de un hogar.
La alegría de la juventud.
La sabiduría de la vejez.
Las cuerdas locuras de El Quijote.
La fuerza con que la mano de un bebé se aferra al dedo de su madre.
Las millones de veces en que la adversidad es derrotada.
La esperanza que no muere.
El deseo de trascender.

Éstas y muchas otras cosas más son llamadas directas del amor a nuestro corazón. Dejémosle entrar. Por favor.

UNA UTOPÍA. ¿O NO?

UTOPÍA: Algo optimista, que parece como un sueño irrealizable.

En las películas de extraterrestres que veía en mi infancia, era muy clásica la escena en donde llegaban estos seres en sus naves intergalácticas con la intención de conquistar y dominar la Tierra, colocaban la nave sobre alguna gran ciudad y, desde ahí, se escuchaba una voz que decía: "Atención, atención, esta es la nave XZ40 llamando a la Tierra" y luego daban sus instrucciones para que los pobres terrícolas nos sometiéramos, para evitar ser destruidos.

En mis locas divagaciones, a veces imagino qué pasaría si algún día escucháramos desde el espacio una voz que nos dijera: "Atención, atención, este es el amor llamando a la Tierra". Y nos diera sus instrucciones para dejarnos conquistar y dominar por él. Tal vez nos diría algo como esto:

"Terrícolas, yo soy la fuerza por la cual se creó este planeta para ustedes.

Fueron enviados aquí para ser felices, y ciertamente, no con la promesa de que solo podrían serlo cuando estuvieran exentos de problemas, sino con la capacidad de poder serlo, a pesar de los problemas que a cada uno, dentro de un plan perfecto, le correspondiera llevar. Y eso sí, con la promesa de que si me tomaban por aliado, las cargas les parecerían más llevaderas y la felicidad estaría más a su alcance.

Cada uno de ustedes fue enviado con un don único, que al encontrarlo, le permitirá embellecer su vida y la de los que lo rodean. Pongan amor en todo lo que hacen y les prometo que tarde o temprano encontrarán ese don. Al hacerlo, su vida dará un giro maravilloso, pues terminarán haciendo lo que aman, y quien esto hace, está benditamente condenado al éxito.

Amen este planeta. No lo ensucien, no lo contaminen más. Fue hecho para ustedes, pero a veces ustedes parecen ser los únicos extraterrestres aquí. Ningún otro ser vivo agrede o afecta su hábitat como lo hacen los humanos.

No peleen entre ustedes. Es curioso ver cómo las diferencias desaparecen cuando la amenaza crece. Los miembros de una familia que pelean entre sí, se unen cuando hay algo que amenaza a toda la familia. Los miembros de diferentes ciudades que a veces se ven como enemigos, se unen cuando algo amenaza a todo el país. Y cuando hay catástrofes que asolan a una determinada región del mundo, todos los hombres se unen para ayudar a la gente de ese lugar. ¿Para qué esperar a que haya catástrofes? ¿No podrían considerarse todos como miembros de un mismo equipo llamado HUMANIDAD? Y si muestran apoyo y solidaridad a personas que están padeciendo algo al otro lado del mundo, ¿no podrían mostrar lo mismo a la persona que duerme bajo su mismo techo, al compañero que trabaja en la misma empresa, al hermano que nació en su mismo país?

Ustedes son espíritus divinos viviendo una experiencia humana. Aprovechen esta oportunidad única. Vivan de tal manera que cuando regresen a acá arriba y vean su vida en retrospectiva, no tengan que decir: '¿Cómo pude haber sido tan torpe para haber hecho eso mientras estuve allá en la Tierra?'

Así que, para evitar ser destruidos, no por nadie más, sino por ustedes mismos, es necesario que me permitan entrar en su corazón y me den albergue permanente."

La utopía no es pensar que algún día recibiéramos ese llamado. Ese llamado lo recibimos todos los días cuando vemos salir el sol, cuando el viento acaricia nuestro rostro, cuando nace un niño, lo cual nos demuestra que Dios y el amor siguen teniendo fe en nosotros.

La utopía sería pensar que realmente un día todos nos dejásemos conquistar y dominar por el amor. No sé si tendré la bendición de ver que algún día eso suceda. Lo que sí sé es que puedo decidir hoy empezar con mi propio corazón, con mi propia vida, en mi propio entorno.

El amor está llamando a la Tierra, hoy más que nunca, y necesita "repetidores" que le ayuden a difundir ese llamado. Atiende sus exhortaciones, déjate dominar por el amor, y tu vida será entonces el mejor "transmisor" de su mensaje.

Ejercicios de aplicación y reflexión

1. Piensa de qué maneras el amor ha llamado a las puertas de tu corazón.
2. Haz una lista de esas cosas. Aquellas que cuando ocurren hacen que tu corazón se expanda y "crezca de talla" (como el de El Grinch).
3. Identifica aquellas acciones o actitudes tuyas que hacen la vida más difícil para ti o para los que te rodean. ¿Estarías dispuesto a cambiarlas o eliminarlas?
4. Encuentra alguna manera de embellecer tu vida y la de los que te rodean.
5. Decide hoy convertirte en un "transmisor" del llamado que el amor le hace a la Tierra cada día. Escribe en tu diario tu compromiso al respecto y qué cosas específicas harás para lograrlo.

40

Este mensaje se lo dediqué a mi hermanita, Alicia, con motivo de su cumpleaños.

Cuando yo nací, ella tenía 6 años y era una niña hiperactiva, por todo lo que me platicaban mis padres que hacía. Creo que hablar de sus travesuras infantiles se llevaría otro libro.

En este mensaje reconozco el amor que me brindó desde que llegué a su vida y lo bendecido que me siento por haber tenido una hermana así.

Y aprovechando el tema, hablo del amor filial, aquel que se tienen (o deberían tenerse) los hermanos.

Tener hermanos es una bendición de Dios, y cuando esa relación se enriquece con un amor que sobrepasa cualquier prueba, la bendición se multiplica.

Lamentablemente, también existe a veces una relación de hermanos como el de la pareja que menciono en el mensaje.

Así que en las manos de cada quien queda el convertirse en una bendición para sus hermanos, o convertirse en lo contrario.

SU HERMOSA SONRISA

Cuando era yo un bebé rechonchito y "petacón" (lo rechoncho se me quitó un poquito, lo segundo no mucho), y mis ojos empezaban a abrirse a la vida, una de las primeras imágenes que se grabaron en mi cerebro fue obviamente la de mi madre. Era éste un angelote que cuando se acercaba, junto con ella venían cosas muy buenas: abrazos, alimento, amor.

Pero aparte de ese ángel, rondaba a veces mi cuna otro ángel de menor tamaño, que también me traía cosas buenas. Este otro ángel a veces se asomaba por entre los barrotes de la cuna y me observaba con curiosidad, platicaba conmigo, me tomaba de las manos y a veces me cantaba. Y hubo algo que quedó poderosamente grabado en mi mente: que este ángel tenía una hermosa sonrisa. Ese pequeño ángel era mi hermana, Alicia. No la del país de las maravillas, pero sí la que hacía que mi pequeño mundo que empezaba a conocer, fuera más maravilloso.

Ella me cuidaba y protegía, al grado de que, siendo todavía pequeño, cuando en la iglesia me empezaron a hablar sobre "el ángel de la guarda", pensé que estaban hablando de ella. Después de todo, encajaba perfectamente en la definición. "Todos tenemos alguien que nos cuida, que está al pendiente de lo que nos pasa, que nos fortalece cuando estamos tristes y que nos ayuda con nuestros problemas". Y eso era lo que ella hacía, de ahí mi confusión inicial. Ya luego me aclararon que se trataba de otro ángel y pensé: "Dios debe quererme mucho para mandarme tantos ángeles".

En mi proyecto de vida, donde empezaba haciendo un recuento de las bendiciones que Dios y la vida me habían dado, dije: "Tengo una hermana que me ha dado un cariño fraternal como pocas, y que ante el temor de lo desconocido, me ha enseñado que una sonrisa, una vida sencilla y una alegría interior, son la mejor forma de decir 'HOLA' a algo que no sabemos cómo ha de ser".

Y en mi mensaje en la botella llamado "1984 – 2012: Retrospectiva" que fue el segundo que publiqué, mencioné: "Mi madre ha ido a reunirse con mi padre. Y mi hermana sigue a mi lado. Todavía con su hermosa sonrisa".

Su sonrisa ha sido una constante en mi vida, y a lo largo de todos estos años, a través de esa sonrisa ella me ha transmitido amor, valor, serenidad, complicidad, apoyo y muchas otras cosas buenas más. Ella habla con su sonrisa, y me conmueve ver que aún cuando está llorando, ella sonríe. A veces quisiera tener una mayor capacidad para aliviar sus lágrimas.

Hay de hermanos a hermanos, y yo agradezco la que a mí me tocó.

Los primeros hermanos que registra la biblia, Caín y Abel, no acabaron muy bien que digamos. Cuando Caín hizo lo que todos sabemos que hizo y el Señor se lo encontró, le preguntó dónde estaba su hermano. Caín le respondió: "No lo sé. ¿Soy yo acaso guarda de mi hermano?".

La biblia no registra que Dios haya respondido esa pregunta, pero pienso que su silencio fue más elocuente. Pienso que su corazón lloró por dentro al saber lo que Caín había hecho y en su mente le debió haber dicho: "Sí. Sí eres el guarda de tu hermano. O lo debías haber sido. Debiste haberlo amado por encima de sus diferencias. Debiste haberlo levantado cuando caía y abrazado cuando lo necesitaba. Debiste haberlo traído a casa y no dejarlo abandonado. Debiste haber agradecido la bendición de tenerlo como sangre de tu sangre. Debiste haberlo perdonado cuando te ofendió y mostrado que tu amor fraternal estaba más allá de toda prueba. Sí. Sí debiste haber sido el guarda de tu hermano. Al menos, eso es lo que yo esperaba".

Estas cosas las he reflexionado al pensar que Dios me bendijo con una hermana que sí ha sido ese "ángel de la guarda".

Gracias, Alicia, por amarme por encima de nuestras diferencias; por haberme levantado cuando caí y por abrazarme cuando lo he necesitado; por traerme a casa y no abandonarme; por ser sangre de mi sangre, perdonarme cuando te ofendí y darme un cariño fraternal como pocas, y más allá de toda prueba. Gracias por esa hermosa sonrisa que me sigues regalando cada vez que nos vemos. Feliz cumpleaños, hermanita.

Ejercicios de aplicación y reflexión

1. Si tienes hermanos, piensa qué tipo de hermano(a) eres. ¿Eres una bendición para tus hermanos o eres otra cosa para ellos?
2. ¿Qué podrías hacer para convertirte realmente en una bendición para tus hermanos?
3. Rememora las experiencias agradables que viviste junto con tus hermanos en su infancia. Platícalas con ellos y comenten sus impresiones al respecto.
4. Expresa tus sentimientos a tus hermanos(as) en forma escrita o personalmente.
5. Pide perdón a tu hermano(a) si lo has ofendido.
6. Perdona a tu hermano(a) si te ha ofendido.
7. Escribe en tu diario "Le agradezco a Dios y a la vida por mis hermanos porque..." (completa el pensamiento).
8. Si llegas a conocer a mi hermana, disfruta de su hermosa sonrisa.

41

Toca ahora el turno a Chuy, mi primer hijo varón, a quien le dediqué esta columna, también con motivo de su cumpleaños.

Al momento de escribirle esta columna, Chuy se encuentra en una asignación especial fuera de nuestra ciudad y no lo veremos por dos años. En casa lo extrañamos tremendamente porque, aparte de amoroso, tiene un carácter alegre y juguetón que a todos nos alegra el día.

Pero esta prueba de distancia nos está sirviendo para valorar más la bendición que significa tener una familia, de manera que eso nos lleva a disfrutar más los momentos que pasamos juntos y evitar desperdiciar ese valioso tiempo en discusiones sin sentido.

Empecé a amar a mis hijos desde mucho antes de que nacieran, desde mucho antes de que me casara. Antes de siquiera conocer a la que sería mi esposa, compré un disco que se llamaba "La misma vida te dirá", en donde un abuelo tiene una hermosa conversación con su nieto. Lo compre con la idea de algún día regalárselo a mi primer hijo varón. Cuando Chuy tenía unos 4 años le entregué el disco y al escucharlo juntos vivimos una hermosa experiencia que está registrada en su diario.

Chuy, te recuerdo que las palabras finales de esa canción reflejan mi sentir por ti y por tus hermanos: "Y nunca te olvides que te quiero. ¡Ah, cuánto te quiero, hijo!". Todas mis luchas y afanes han sido motivados por ese inmenso amor que siento por ustedes. No lo olviden.

MI MEJOR REGALO DE CUMPLEAÑOS

Chuy estaba programado para nacer a mediados de diciembre del '91. Pero inquieto como siempre ha sido, una noche de principios de ese mes, despertó a mi esposa en la madrugada, organizándole para ello una revolución en su vientre. Tal parece que no se quería perder la fiesta (hasta la fecha sigue siendo fiestero) porque tras sorprender al ginecólogo, quien lo esperaba para más tarde, llegó para darme mi abrazo, naciendo el día 5 de diciembre, día de mi cumpleaños. Poco faltó para que naciera con gorrito, serpentinas y espanta suegras.

Mi primer hijo varón. No lo podía creer. Cuando salí del hospital con él en brazos, sentía que todos me miraban como diciendo: "Mira, mira, tuvo un niño". La verdad es que yo creo que a nadie le importaba, pero para nosotros era todo un acontecimiento: Dios nos estaba confiando otra alma para criarla, educarla y junto con Dianita, su hermana, tratar de formar una familia feliz.

Ver crecer juntos a estos dos niños fue un deleite. Cuando Chuy tenía 5 meses, escribí en su diario: "Una cosa que me enternece mucho es el gran amor que se demuestran tu hermana y tú; cuando la ves, brincas, te ríes, te emocionas, y ella, no se diga, te abraza, te mima, te besa y en fin, que es un contento de amor entre los dos. Espero que el tiempo no enfríe, sino al contrario, agrande ese cariño fraternal que hoy los une de una manera tan hermosa". Así ha sido.

Cada uno de mis hijos tiene una característica especial que forma parte de su personalidad. En el caso de Chuy es la generosidad, de lo cual empezó a dar muestras desde pequeño. Cuando tenía él 6 años, un 14 de febrero registré en su diario la siguiente experiencia:

"Nos acabas de dar a todos una muestra del noble y buen corazón que tienes. Llegué del trabajo y apenas subí al cuarto, corriste por unas bolsitas de regalo y nos dijiste: '¡Feliz día del amor!' y nos diste una bolsita a cada uno. En días pasados, con motivo de haber alcanzado unas metas que te propusimos, te habíamos dado 150 pesos.

Pues con ese dinero le compraste un monito de peluche a tu hermanita Zaida. A tu mami, a Dianita y a mí nos pegaste varias monedas de $5 con cinta scotch y las metiste en cajitas de plástico. Nos dijiste: 'Esto es para que el sábado vayamos al cine todos'. Tú te quedaste sin nada, pero estabas contento, feliz.

Gracias por ese hermoso ejemplo de generosidad, hijito. Creo que ya a tu corta edad has saboreado lo que enseñó Jesucristo: 'Hay más dicha en dar que en recibir'.

Por la tarde fui a una papelería y te compré tres paquetitos de calcomanías de Dragon Ball. Las recibiste como si fueran el regalo más costoso, con un gran júbilo y alegría, lo cual conmovió más mi corazón al ver tu nobleza y tu inocencia."

Con el paso de los años Chuy ha volcado su generosidad en sus hermanos y se ha convertido en su "líder moral" y su protector. En el escritorio de mi oficina tengo un "collage" de fotografías de mis hijos. En la mayoría de ellas, Chuy aparece extendiendo sus brazos, como las alas de un albatros, y prácticamente "envolviendo" a sus tres hermanos.

Cuando nació, hace 21 años, escribí también en su diario: "¿Sabes? Hay una creencia que tengo desde hace muchos años: la creencia de que todos los 5 de diciembre sale el sol. Así esté haciendo frío y lloviendo el día 4, estoy convencido de que el día 5 saldrá el sol; según le digo a tu mamá, es el regalo de cumpleaños que me da Dios, pero ahora Él me ha dado otro regalo, y a partir de ahora, cada 5 de diciembre, en mi vida brillará otro sol: tú."

Gracias hijito, por seguir siendo ese sol en mi vida. Y en tu cumpleaños, además de felicitarte, te reitero las palabras que transcribí en tu diario cuando tenías año y medio y que expresan perfectamente mi sentir: "Quizás mi esperanza más grande como padre sea la de tener contigo una relación tal, que cuando llegue el día en que mires por primera vez la carita de tu primer hijo, sientas muy dentro de ti el deseo de ser para él o para ella, la clase de padre que éste ha tratado de ser para ti. Es el cumplido más grande que un hombre puede recibir."

Te amo, campeón. Feliz cumpleaños. Con cariño...papá.

Ejercicios de aplicación y reflexión

(Mismos ejercicios del mensaje no. 9).

42

Al publicar originalmente este mensaje, estábamos viviendo la alegría de la navidad.

Flotaba en el ambiente, como cada año, esa atmósfera de amor que a muchos nos envuelve.

En este mensaje, a través de compartir una experiencia personal que me tocó vivir, busqué invitar a la reflexión acerca del verdadero sentido de la navidad, que ciertamente no son los regalos ni los adornos.

Es muy fácil a veces que nos dejemos llevar por la vorágine de las fiestas y perdamos de vista lo más importante: que estas fechas son para celebrar el nacimiento de Jesús, el Salvador.

Y aunque al estar leyendo este libro no sean fechas de navidad, te deseo que la paz, la buena voluntad y el amor, los mayores regalos de Jesucristo, llenen por siempre tu hogar y te traigan el gozo de saber que hace muchos años, hubo un rey que aceptó nacer, por amor a nosotros, como el más humilde de los mortales, trayendo consigo el regalo de la vida eterna.

Feliz navidad, sea o no sea época de navidad cuando leas esto.

EMPIEZA A OLER A NAVIDAD

"Los ángeles cantan gozosos, la época ha llegado ya, en que el amor nos llena de luz a toda la humanidad".

Así empieza la letra de una canción que escribí para un programa navideño que estoy preparando. Esa época de gozo, la navidad con sus aromas, está ya entre nosotros.

En otra parte de la letra digo que "la paz y buena voluntad están en cada corazón". Al escribir esto, mi mente se remontó a la navidad de 1990.

Vivíamos en Tampico y, pensando en el regalo para mi madre, un sábado por la noche compré unas toallas y en compañía de Dianita las llevé a un negocio de bordados para que les grabaran su nombre. El dueño, sin embargo, me trató déspotamente y me dijo que tenía que comprar las toallas ahí mismo, si no, no me las bordaba.

Discutí con él un buen rato, pero no hubo manera de convencerlo. Le dije "feliz navidad" con sarcasmo y salí de ahí con los "entrecijos" retorcidos y deseándole lo peor. Pero al caminar enojado, con Dianita de la mano, ocurrió algo que me hizo recapacitar. Al llegar a casa, escribí una carta al dueño del negocio y volví más noche, dejándosela por debajo de la puerta, pues ya estaba cerrado. Antes de dejarla, le saqué una copia. Comparto algunos fragmentos de esa carta. Dice:

"Hola, soy la persona que fue esta noche a pedirte que le bordaras unas toallas que llevaba. Seguramente te extrañará esta carta, pero te pido por favor que la leas hasta el final.

En primer lugar, quiero pedirte perdón. Cuando salí de tu local te dije: 'Que pases feliz navidad', aunque dentro de mi corazón estaba deseándote lo peor, te soy sincero. Incluso salí pensando en ir el lunes a la Procuraduría del Consumidor y demandarte.

Ese y otros pensamientos negativos atravesaban mi mente buscando la manera de desahogar mi enojo. Entonces me habló mi hija, mi pequeña hija de 4 años, la niña que me acompañaba. 'Papi, ¿por qué estás enojado?' Posiblemente tú también tengas una hija y sabrás entender la ternura e inocencia de una niña cuando te habla.

Me arrodillé a su lado y al ver su carita y escuchar su voz, mi corazón se llenó de gratitud a Dios por tenerla a mi lado. La abracé y recapacité en lo que había estado pensando. No sé si tú creas en Dios. No sé si para ti tenga algún significado la navidad. Sin embargo, para mí tiene un significado muy especial. Significa un festejo universal y un gran júbilo al recordar el nacimiento de Jesucristo. Significa unión y hermandad entre los hombres. Significa perdón y amor.

Creo que si le regalo a mi madre unas simples toallas sin bordar, ella las recibirá con el mismo amor y gratitud que si tuvieran el más hermoso grabado, porque para ella la navidad significa lo mismo que para mí, y el más costoso regalo no podría hacernos más felices de lo que ya somos por tener el amor de Dios en nuestros corazones.

Te felicito por ser un hombre tan próspero. Me parece que el Señor te ha bendecido con muchos bienes materiales. Yo solo te podría dar un consejo para que los disfrutes más: usa esos bienes siempre para hacer el bien, y en la medida de tus posibilidades, trata de usarlos también para proporcionar alegría a otros.

Al igual que tú, yo también trabajo mucho. Al igual que tú, yo también tengo una familia por quien luchar. Al igual que tú, me gano la vida honestamente.

¿Lo ves? tenemos muchas cosas en común, y sin embargo, nunca volveremos a vernos. Así es la vida. Pero bueno, te agradezco que hayas leído esta carta. Solo me resta desearte una feliz navidad, y esta vez, te lo digo de todo corazón."

Que en esta navidad, los "aromas" que te rodeen sean los del perdón, la tolerancia, la comprensión y el amor. En otra parte de la canción, digo: "Enfermos del cuerpo y del alma acuden con fe a Jesús, y encuentran en él alivio y solaz cual nadie lo puede dar; se salvan las almas, se alivia el dolor, heridas sanan en el corazón." Que ese niño cuyo nacimiento estamos por celebrar una vez más, pueda aliviar tu dolor y sanar en tu vida las heridas de tu corazón.

Ejercicios de aplicación y reflexión

1. Describe en tu diario la mejor navidad que hayas pasado. Identifica qué fue lo que hizo que esa navidad fuera especial. ¿Alguna navidad en tu infancia? ¿tu primer navidad casado o la primera con tu primer hijo(a)?
2. Expresa ahí mismo tus sentimientos hacia Dios por haberte permitido vivir esa navidad.
3. Enumera ahora todas las cosas buenas que te rodean: familia, amigos, trabajo, etc.
4. Expresa en tu diario tus sentimientos hacia Dios por permitirte tener todas esas cosas.
5. En tu próxima navidad da algo más que un simple regalo material a tus seres queridos. Busca la manera de dar algo de ti que refleje tu amor a ellos: una carta de agradecimiento, de amor, un detalle elaborado por ti, etc.

43

Este mensaje llevó dedicatoria especial. El día que lo escribí, acababa de fallecer mi tía Carmen, una de mis tías más queridas.

Viví con ella en Cd. Victoria, Tamaulipas, desde que empecé mi carrera universitaria hasta que me casé y fui como uno más de sus hijos.

Tengo tantos recuerdos tan hermosos del tiempo que viví en su casa. Cuando en mi proyecto de vida escribí "estoy en mi cuarto, el cuarto que he ocupado durante los últimos cinco años, los más significativos en mi vida", me refería al cuarto que ocupaba en casa de mi tía Carmen.

De niño casi no tuve contacto con ella ni con su familia. Empecé a convivir con ellos cuando terminé primero de secundaria y mi madre me llevó en el verano y me dejó en su casa mientras ella estudiaba la Normal Superior para maestros.

A partir de ahí comenzó una relación de cariño con todos ellos, en especial con mi primo Jorge, que se ha fortalecido enormemente con los años.

Ahora ella nos ha dejado, pero su legado permanece, como permanece el de todos los hombres y mujeres que viven para ser y para formar personas de bien.

Este es el tributo que rindo a mi querida Tía Carmen. Si hay ejercicios para aplicar o reflexionar sobre este tema, lo dejo a su criterio y consideración.

PARA TÍA CARMEN

Con permiso de la concurrencia, este mensaje se lo voy a dedicar a una persona en particular: a mi tía Carmen Guerrero, hermana de mi madre; y lo lanzaré, no al océano de la vida, sino arriba, directo al cielo, a donde ella acaba de llegar.

"Hola tía Carmen. Al estar escribiendo estas líneas, recién voy llegando de Ciudad Victoria, tu amada ciudad, la que vio nacer a tus hijos. Nos reunimos muchos de los que te amamos para despedir tu cuerpo físico, que al haber cumplido fielmente su función por un largo y fructífero periodo, ha recibido ya del Creador el descanso que merecía y necesitaba.

Es cierto, fue un día triste para todos los que ahí estábamos, pero a la vez sentimos gratitud al conocer la forma en que Dios te había recogido: En casa. Con toda calma, con toda serenidad. Te dio tiempo de despedirte y dar tu bendición a tu hija mayor y a tu esposo. Después te quedaste como dormidita hasta que el doctor certificó que ya habías partido de esta vida. Creo que pocas personas llegan a tener una partida tan dulce como la que tú tuviste y me parece que algo así es solo privilegio de almas especiales que en vida, con sus actos, se ganaron dicho privilegio.

¿Te ha gustado la misa que te preparó tu familia antes de irnos al panteón? Seguramente sí. Cómo no te iba a gustar si ahí estaba quien fuera tu esposo por más de 53 años, mi tío Luis, con su todavía espléndida voz de barítono, cantándote: 'Duerme ya, descansa ya, duerme linda Carmela'.

Y luego en el panteón, antes de que tu cuerpo descendiera a la sepultura, Jorge, tu hijo, mi primo hermano más hermano que primo, me pidió que lo acompañara a cantarte canciones que tanto te gustaban. ¿Recuerdas cómo te divertía cuando él y yo empezábamos a cantar juntos? Yo de 13 años y él de 10. Desde entonces muchas veces hemos cantado juntos, pero esta vez fue especial, porque era para ti y era la última vez que lo hacíamos frente a ti, hasta que nos volvamos a ver.

Mi tío Luis me honró pidiéndome que lo acompañara a cantarte 'Un viejo amor', esa canción que, como dijo Jorge, era un himno para ti y te embelesaba escucharla cantada por él. En fin, que hubo múltiples y muy variadas muestras de amor en tu despedida.

Yo me uno a ellas con este humilde tributo, y te agradezco por los años que amorosamente me diste cobijo en tu casa, como si fuera uno más de tus hijos. De tu casa salí para casarme. De ahí salí para graduarme y presentar mi examen profesional. En esa casa me inspiré para escribir mi proyecto de vida que he compartido a muchas personas. En esa casa me sentía como en mi casa.

Fuiste una mujer sencilla, dedicada a su hogar y a sus hijos. Y tal vez el mundo no reconozca mucho esa labor, pero los frutos que dejas son dignos de encomio:

Carmen Lilia, 'Ita' para la familia. Maestra de profesión y de vocación, que desde joven dio muestras de un temperamento fuerte y decidido, temperamento que le ha permitido superar una de las pruebas más duras que pueda pasar una madre: la de regresarle al Señor una de las hijas que le había prestado.

Luis Enrique, que sobrevivió a un accidente fatal y que a base de aprender de sus errores ha ido encontrando su destino y formando una familia con los mismos valores que tú les inculcaste.

Jorge Alberto, mi hermano, arquitecto que con tesón y denodado esfuerzo ha ido labrándose un nombre y un prestigio profesional en Monterrey y también con una hermosa familia que todos los Guerrero adoramos.

Y Martha Laura, la pequeña, abriéndose paso desde hace años en San Luis Potosí, siempre abrazada a su hijita Isabel, y a Ernesto de Jesús, mi tocayo, ese ángel con capacidades especiales que Dios le mandó para que aprendiera lo que es el verdadero amor.

Ese es tu legado, tía Carmen. Tus hijos. Tus tesoros. Cuántas caricias curativas no habrán recibido de tus manos. Cuántas palabras dulces no habrán escuchado de tu boca.

Tu labor es la de miles de mujeres que, como tú, en forma callada, inadvertida, sin reconocimiento público, entregan alma y corazón para sembrar en sus hijos la semilla de buenos principios. La mano que mece la cuna, y lo hace con amor y dedicación, es la mano que mueve al mundo, no hay duda de eso.

Disfruta ahora la reunión con tus 13 hermanos y tus sobrinos que partieron antes que tú. Disfruta el reencuentro con tus padres, mis abuelos. Abraza fuerte a Anita, tu nietecita que se adelantó para prepararte lugar. Disfruta la reunión Guerrero en su versión celestial. Para todos ellos un beso, y para ti, nuestra eterna gratitud. Descansa en paz, que lo que sembraste seguirá dando fruto. Seguirá dando buen fruto."

44

De algunos años para acá me he dado cuenta de que la navidad está llena de enseñanzas.

Este mensaje se publicó originalmente un día antes de la nochebuena y hago aquí un pequeño resumen de las muchas enseñanzas que he encontrado en la navidad.

La enseñanza principal, por supuesto, es el gran amor que nuestro Salvador tuvo por nosotros, y que lo llevó a venir a esta Tierra en las condiciones más humildes.

Pero he encontrado asimismo enseñanzas que tienen que ver con nuestra familia, con nuestras faenas cotidianas para proveer para los nuestros, y también con la bendición que resulta de mantenernos unidos y trabajar juntos hacia un mismo objetivo.

He encontrado otras que tienen que ver con el papel que cada ser humano le fue designado para desempeñar aquí en la tierra y la capacidad que tiene de representar dicho papel de manera exitosa.

Y ustedes dirán, "¿pero dónde están esas enseñanzas?". Bueno, para ello, les invito a leer este mensaje. Que lo disfruten.

LO QUE HE APRENDIDO DE LA NAVIDAD

He vivido la suficiente cantidad de años para aprender unas cuantas cosas sobre la navidad. Algunas las he aprendido al meditar en lo que creo pudieron sentir los miembros de la familia con quien comenzó la navidad.

Por ejemplo José, designado para criar al hijo de Dios aquí en la Tierra. Al haber tenido yo la bendición y la responsabilidad sagrada de tener mis propios hijos, me imagino lo que José pudo haber sentido al estar viviendo las circunstancias que rodearon el nacimiento de ese hijo tan especial. Y llego a la conclusión de que seguramente José no siempre tuvo en su rostro ese semblante impasible y esa tranquilidad con que se le representa en las figuras de los nacimientos.

Me imagino que su rostro reflejó desesperación al tocar puerta tras puerta buscando albergue en una ciudad extraña y no encontrar a nadie que estuviera dispuesto a ayudarlos.

Tal vez su rostro reflejó también angustia al ver a María sentada sobre una piedra, sufriendo silenciosamente los dolores del parto que ya se acercaba, pero sin emitir una queja por lo precario de su situación.

Seguramente hubo tristeza y dolor en su rostro al contemplar el único lugar disponible para ellos: Un establo. Al lado de los animales, con los olores y la suciedad que ello debía incluir.

Y tal vez también hubo lágrimas mientras limpiaba el estiércol y trataba de encontrar la paja más limpia y se preguntaba si habría condiciones más insalubres, más propensas a las enfermedades y más despreciables en las que pudiera nacer un niño. Se preguntaba si era ése un lugar digno de un rey. Se preguntaba si sería correcto que él naciera en ese lugar.

De María he aprendido que seguramente en todo momento apoyó a su esposo, y que al comprender lo que estaba él sintiendo, lejos de reclamarle por no poder brindarle más comodidades en ese momento, lo alentó con una sonrisa y tal vez le dijo algo como: "¡Ánimo, José! Todo va a estar bien. Estamos juntos en esto y Dios nos bendecirá".

Y del pequeño Jesús he aprendido que con su llegada trajo luz y esperanza, primero para sus atribulados padres, y luego, para la atribulada humanidad.

Finalmente, he aprendido de la navidad que ninguna de las circunstancias difíciles que la precedieron pudo detener o impedir que cada personaje de esa hermosa familia cumpliera su misión. La misión que se les había confiado.

José, por lo que se ve, fue un excelente padre y estuvo a la altura de su asignación. Seguramente en algún momento tembló ante la responsabilidad de criar al hijo de Dios, pero en base a buscar la guía de los cielos y de estar consciente del impacto que tendría el trabajo que él, como tutor terrenal realizara, pudo en su momento rendir buenas cuentas al respecto.

María, aunque sabía quién era el verdadero padre del niño, tal vez no se imaginó el impacto que éste tendría cuando creciera y revelara al mundo quién era, pero en todo momento cumplió su papel de madre al estar siempre ahí para su hijo, apoyándolo, animándolo, colmándolo de amor. Lo recibió en un establo, lo despidió en una cruz; nunca fue fácil su papel, pero sus lágrimas se convirtieron en gozo cuando alguien le informó que la tumba de su hijo estaba vacía.

Y Jesús finalmente llevó a cabo su acto de amor, previo a lo cual había dicho: "Nadie tiene mayor amor que éste, que uno ponga la vida por sus amigos". A ese amigo que nos amó a tal grado es al que festejamos en navidad. Nunca lo olvides, porque también he aprendido que en estas fechas es fácil olvidar al festejado principal.

Esta nochebuena, te invito a dejar una silla vacía en tu mesa cuando se reúnan para cenar. Inviten a Jesús a que los acompañe y él vendrá, y estará con ustedes, recordando con su presencia espiritual que a cada uno se nos ha confiado una misión, y que tenemos la capacidad de llevarla a cabo, por difíciles que puedan ser las circunstancias.

Feliz cumpleaños, Jesús, amigo. Te esperamos en casa esta nochebuena.

Y para todos ustedes, mis amigos, feliz navidad.

Ejercicios de aplicación y reflexión

1. Piensa en los desafíos actuales que la vida te ha puesto, ya sea de manera personal, como pareja o como familia.
2. ¿Qué puedes aprender de los ejemplos de José, María o Jesús que te pudiera ayudar a enfrentar esos desafíos de mejor manera?
3. En el caso de los desafíos de pareja o familia, dialoguen para encontrar maneras de aplicar esas enseñanzas para resolver o enfrentar sus desafíos.
4. Anota en tu diario cuál consideras que pudiera ser la misión que a ti se te ha confiado.
5. Reflexiona qué más puedes hacer para llevar a cabo esa misión, pensando en el "informe" que algún día te gustaría dar al Creador sobre la manera en que cumpliste tu misión en esta vida.

45

La vida se compone de ciclos, y cada fin de año representa el final de un ciclo y el inicio de otro.

Esos cambios de ciclo representan una buena oportunidad de hacer una reflexión sobre las cosas que hicimos, las que dejamos de hacer y los planes y proyectos que nos gustaría iniciar o retomar en el nuevo ciclo que está por comenzar.

Y qué mejor proyecto que alcanzar la felicidad o, al menos, trabajar para alcanzarla. Así, si no llegamos a la meta que queríamos, al menos habremos avanzando un poco en esa dirección y eso, ya de por sí, nos puede ayudar a sentirnos mejor.

Este mensaje se publicó originalmente el último domingo del 2012, por lo que aproveché la ocasión para invitar a mis lectores a hacer un alto y pensar en los recuerdos que nos gustaría crear por medio de nuestras acciones y palabras.

Aquí hago un recuento, a manera de síntesis, de los temas que había tratado en los mensajes anteriores, invitando a darles una aplicación personal en el año que estaba por comenzar, para que a la vuelta de un año, los recuerdos que nos quedaran fueran de cosas positivas, que nos permitan estar en paz con nosotros mismos y con la vida.

Así que te hago la misma invitación. Piensa en las cosas que te gustaría que te quedaran como recuerdos de ese ciclo más en tu vida. Un año más que, al irse, pasará a formar parte de eso que llamamos experiencia.

Y lo de la profecía maya era solo una broma, pero no pude resistirme a mencionarlo porque en esas fechas, el tema andaba en todo su apogeo.

¿QUÉ RECORDAREMOS?

Escribo este mensaje el miércoles 19 de diciembre. Si se publicó el mensaje y estás leyéndolo tranquilamente significa que el mundo no se acabó, como dicen que profetizaban los mayas. Que según esto, sus profecías llegaban hasta el 21 de diciembre del 2012 y ahí se detenían, por eso algunos esotéricos interpretaron que hasta ahí llegaría el mundo. A mí se me hace que lo que pasó fue que se les acabaron las piedras para seguir escribiendo y por eso se detuvieron. Pero en fin, espero que para estas fechas todos sigamos respirando y salpicando de alegría este planeta. Después de todo sería una lástima que se acabara, tan bonito que está.

Y suponiendo que los mayas no le atinaron y que seguimos resollando, estamos entonces en vísperas de despedir un año y recibir otro, época que nos sirve tradicionalmente para hacer recuentos y fijar nuevos propósitos.

A partir del 1º de enero se nos abrirá un nuevo registro con 365 hojas en blanco para empezar a plasmar los hechos y las acciones que, a la vuelta de otro año, se convertirán en los recuerdos de un ciclo más de vida. Me gustaría invitarte a reflexionar qué recuerdos te gustaría crear para finales del 2013, y para ello me basaré en algunos de los temas que he tratado durante este año en estos mensajes en la botella, plasmando mis deseos de año nuevo para ti.

He hablado de proyectos de vida, de decisiones y de sueños. Te deseo que dentro de 365 días recuerdes que ése fue el año en que definiste el rumbo que querías para tu vida y tomaste las decisiones adecuadas para enfilarte a ese destino, para alcanzar tus sueños, desafiando y venciendo tus temores, adentrándote a la mar. Recuerda: Los barcos en el puerto están seguros, pero no se hicieron para eso.

Hablé de hacer las cosas con pasión. Te deseo que en el nuevo año encuentres o mantengas esa chispa que le dé fuerza y vida a lo que haces, para que lo hagas así, con pasión, con entusiasmo porque solo así se disfruta la vida. Si dejamos que la pasión se nos escape, nos puede pasar que algún día se diga de nosotros: Murió a los 20...lo enterraron a los 75. La pasión impide que vivamos muertos en vida.

Hablé de la familia, esposa(o), hijos, padres. Que dentro de un año puedas recordar que supiste valorar la bendición de tener una familia. Que puedas recordar que fuiste amoroso, gentil y compasivo con ellos, que son tu prójimo más próximo. Que puedas ser candil...en tu propia casa.

Hablé de esforzarnos en nuestro trabajo o actividad productiva para hacer las cosas con excelencia. Que en este año que empezará puedas recordar que no hay atajos para el éxito y que nunca nadie, en ninguna parte, en ninguna época, en ninguna actividad, ha hecho nada importante trabajando poco. En otras palabras, el éxito no se logra con esfuerzos mediocres.

Hablé de aprender de la adversidad. Que dentro de un año puedas recordar que las piedras que se cruzaron por tu camino las utilizaste como escalones para llegar más alto y no como anclas para hundirte en el mar. Que cada dificultad te deje un aprendizaje, te dé más sabiduría, te haga una mejor persona.

Hablé de disfrutar la vida a través de apreciar las cosas cotidianas. El aroma de una flor, la majestuosidad del mar, la belleza de la música. Que a lo largo del recorrido del próximo año, de vez en cuando te des el tiempo de bajar del muchas veces acelerado tren de la vida y te detengas a oler las flores, a disfrutar del viaje.

Finalmente y en resumen, hablé de dejar una huella y tratar de dejar este mundo en mejores condiciones que como lo encontramos. Que recuerdes que siempre hay alguien que viene detrás de ti. Un hijo, un amigo, un hermano menor. Que esas personas, al ver la forma en que has vivido, puedan sentirse inspirados a tratar de seguir tus pasos.

Sinceramente creo que si nos esforzamos por crear este tipo de recuerdos, al final de un año más podremos con tranquilidad cerrar el registro y decir: Ha sido un buen año.

Que tengan todos un excelente año 2013.

Ejercicios de aplicación y reflexión

1. Escribe en tu diario qué cosas te gustaría hacer a partir de hoy para avanzar hacia el descubrimiento de tu propósito en la vida.
2. Escribe en tu diario qué cosas te gustaría hacer a partir de hoy para demostrar que valoras la bendición de tener una familia.
3. Escribe en tu diario qué cosas te gustaría hacer a partir de hoy para llegar a ser excelente en tu trabajo o tu actividad productiva.
4. Escribe en tu diario qué cosas te gustaría hacer a partir de hoy para dejar una huella en esta vida.
5. Ahora agrégale pasión a todo lo anterior, aplica el factor DNA (ver mensaje no. 36) y ponte a trabajar en lo que escribiste.

46

Hay muchos acontecimientos en la vida ante los cuales la reacción natural de los seres humanos es preguntarnos "¿Por qué?".

Sin duda, uno de los acontecimientos qué más pueden provocar ese cuestionamiento es la pérdida de un hijo, sobre todo si éste estaba apenas en su infancia o juventud.

No puedo imaginar el dolor tan grande que representa una pérdida de esta naturaleza, pero sí sé que la pregunta "¿Por qué?" resonará por mucho tiempo ante una situación así, muchas veces sin lograr obtener una respuesta que al menos mitigue ese dolor.

Con este mensaje no pretendo dar una respuesta a esa pregunta, pero sí, al haber conocido a un niño tan especial como lo fue Eddie, quiero manifestar mi convicción de que hay alguien que tiene todas las respuestas y sabe todos los porqués, y en su momento nos dará el entendimiento que nuestra limitada visión terrenal necesita.

Con este mensaje, envío todo mi respeto y cariño a los padres que han perdido un hijo y los aliento a no desmayar, y a nunca perder de vista que hay algo más grande, un poder superior que tiene nuestra vida y la de nuestros hijos en sus manos, y en el cual podemos encontrar alivio, en tanto y mientras que encontramos las respuestas.

Por tratarse de un tema que sería muy particular para quien pudiera estar viviendo una situación así, no se incluyen en este caso ejercicios de aplicación o reflexión.

COMO UNA ESTRELLA FUGAZ

Hay seres que parecieran venir a este mundo con la única misión de tocar nuestras vidas, y una vez cumplida esa misión, regresan al hogar celestial de donde vinieron.

He tenido la bendición de conocer a uno de estos seres y, recientemente, verlo partir, tras haber completado su misión en esta vida, con tan solo ocho años de edad.

Conocí a Eddie Roberto Hernández Su no hace mucho tiempo. Lo escuché hablar en público solo en dos ocasiones, las cuales fueron suficientes para hacerme voltear a verlo y darme cuenta que estaba ante un espíritu muy especial.

Cuando lo escuché la primera vez, pensé: "Éstas no pueden ser las palabras de un niño de 8 años". Eddie sabía que estaba enfermo (fibrosis quística) y hablaba con una madurez impresionante de lo que quería de la vida, sabiendo que la suya sería corta.

En otra ocasión, al hablar, se dirigió a su madre. Le pidió que fuera fuerte, que cuidara a su hermanito y a sus cinco hermanitas. Les habló a sus amigos, y como dijo una amiga en su servicio funeral, "Eddie nos estaba preparando para este momento".

Momentos antes de su partida, el pasado 24 de diciembre, y tras varios días hospitalizado, su madre le decía al pie de su cama: "No te rindas hijito, tienes que seguir luchando, sigue respirando". Y él en su inocencia le decía: "Ya mami, ya me rendí, ya déjame ir, no te preocupes, voy a estar bien, voy a estar con Diosito". Minutos después, partió con Él.

Ayer, 5 de enero, Eddie hubiera cumplido 9 años.

Nació en vísperas del día en que recordamos a aquellos magos de oriente que llegaron para ofrecerle regalos especiales al niño Jesús. Tal vez con esto, Dios le estaba haciendo saber a su familia que Eddie era un regalo especial para ellos.

Partió en vísperas del día en que recordamos el nacimiento del hijo de Dios. Tal vez con esto, Dios le estaba haciendo saber a su familia que Eddie era para Él un hijo especial, y que lejos de morir, estaba naciendo a una nueva vida.

Esa noche en que se fue, la luna brilló como nunca y la rodeaba una especie de anillos y arcoiris hermosos. Pareciera que se quiso vestir de gala para darle a Eddie la bienvenida al cielo.

Un amoroso Dios que en todo momento sabe lo que estamos pasando, le hizo llegar a la madre de Eddie estas palabras a través de una revista que una amiga le llevó al hospital, también pocas horas antes de que él partiera: "El Señor se lleva a muchos, aún en su infancia, a fin de que puedan verse libres de la envidia de los hombres, y de las angustias y maldades de este mundo. Son demasiado puros, demasiado bellos para vivir sobre la tierra; por consiguiente, si se considera como es debido, veremos que tenemos razón para regocijarnos, en lugar de llorar, porque son librados del mal y dentro de poco los tendremos otra vez."

Ella supo que estas palabras eran para ella; que por medio de ellas, y aún sin tener porqué hacerlo, Dios le estaba explicando por qué había decidido recoger a ese niño puro y bello.

Hay personas cuya vida es como una estrella fugaz. El tiempo que la podemos ver aquí es breve, pero cuando uno ve una estrella de éstas, la impresión que nos deja perdura para siempre, y el solo recuerdo de que la hemos visto nos llena de alegría.

Eddie fue así, como una de esas estrellas. Su tiempo aquí fue breve, fugaz. Pero en ese corto tiempo nos dejó una impresión que perdurará por siempre, y cuando el luto y la tristeza por su partida hayan aminorado, nos quedará la alegría de saber que tuvimos el privilegio de ver y conocer un alma especial, con una misión especial, y por medio de la cual, Dios nos envió una "probadita" de Su amor.

Hace unas noches salí y me puse a ver las estrellas. Y al contemplar su brillo y parpadeo, me pareció ver a Eddie riendo, saltando entre ellas, libre de dolores, jugando con muchos otros niños puros y bellos, que también fueron llevados en su infancia a ese hogar de donde habían venido.

Anoche reflexioné, y Eddie me ayudó a recordar que esta vida es tan solo un parpadeo entre dos eternidades, pero cuán grandes cosas se pueden hacer en este pequeño paréntesis llamado vida. Gracias Eddie, por haber cumplido tu misión en forma tan magnífica.

47

Nuevamente en este mensaje abordo el tema del matrimonio y reflexiono sobre la cada vez más breve vida que éste tiene, hablando de manera generalizada y según las estadísticas.

En esta ocasión me inspiró el haber visto a un par de abuelitos, ya con sus achaques y sus cosas de la edad, entrar de la mano a la iglesia a renovar las promesas que se hicieron cincuenta años atrás. Se dice fácil, pero debe ser toda una proeza.

Conozco a este matrimonio desde que empecé mi noviazgo con mi esposa, hará cosa de treinta años y fui testigo de los muchos desafíos que enfrentaban por sacar a sus hijos adelante y mantenerse unidos como pareja. Pero en esta ceremonia que menciono, los hijos hablaron y reconocieron la enorme deuda de gratitud que sienten hacia sus padres.

Esto es parte de las recompensas, pienso yo, cuando se toma la determinación de enfrentar juntos como familia lo que venga.

Y en este mensaje hablo de la visión de que nuestra familia fue creada en los cielos, y fue diseñada específicamente para cada uno, para permitirle encontrar y vivir experiencias felices, claro, si la valoramos en su verdadera dimensión y la cuidamos en consecuencia.

Al igual que lo menciono en el mensaje, si alguien desea la versión completa de las palabras a las que hago referencia, escríbame y con gusto se la obsequio.

LOS TALLERES CELESTIALES

Hace unas semanas tuve la oportunidad de asistir al festejo por las bodas de oro de unos tíos de mi esposa. Fue un deleite ver a tanta familia reunida y a esos abuelitos, Juan de Dios y María de Jesús, renovar sus votos matrimoniales.

Es un dicho muy extendido que las cosas de hoy no duran lo mismo que las de antes. Me parece que desafortunadamente el matrimonio entra dentro de esa categoría de cosas, por lo que no pude evitar preguntarme: ¿Qué porcentaje de los matrimonios de los últimos 10 o 15 años podrán llegar a celebrar unas bodas de oro? ¿Cuántos de ellos serán capaces de librar ese obstáculo cada vez más extendido que se llama "divorcio"?

Y recordé que hace algunos años, una ocasión en que iba a dar un mensaje a un grupo de familias, lo preparé de una manera diferente, como si fuera una presentación de ventas. En ese mensaje compartía algunos principios que creo pueden ayudar a darle mayor vida útil al matrimonio, por lo que me gustaría compartir algunos extractos. Dice así:

"Buenos días. Este no es un discurso. Es una presentación de ventas. Me presento ante ustedes como agente de ventas. Represento a una fábrica denominada 'Los Talleres Celestiales' y les vengo a ofrecer nuestro producto conocido como 'familia'. A continuación les haré una breve descripción del mismo.

Este producto viene en diferentes tamaños: chico, mediano o grande. Sin embargo, en cualquiera de sus tamaños, cumple por igual su función: proveer el ambiente propicio para vivir experiencias felices, que le llenarán de gozo si se utiliza de acuerdo a las instrucciones de manejo que mencionaré más adelante.

Se integra de una serie de componentes cuyo número podría variar según el tamaño del producto, pero que por lo general responden a los mismos nombres: cónyuges, hijos, padres, etc.

El producto se prepara con sumo cuidado y esmero en Los Talleres Celestiales, atendidos directamente por sus propietarios: el Padre, el Hijo, y un auxiliar inseparable, el Espíritu Santo. Ellos evalúan cliente por cliente para detectar sus necesidades específicas y asegurarse de que el producto sea el indicado para su situación particular, garantizándoselo por tiempo y eternidad. Advertencia: El mal uso del producto o el no seguir las instrucciones al pie de la letra podría provocar fallas en el mismo. La garantía no cubre fallas derivadas del abuso, negligencia o el querer utilizar el producto con fines para los cuales no fue diseñado.

Se trata de un producto sumamente frágil que requerirá de delicadeza en su manejo si se le quiere mantener en óptimas condiciones de operación. Para su manejo, recomendamos el uso de elementos como el amor, la ternura, la bondad, la comprensión y la paciencia. En particular, el injusto dominio, entendido como la utilización de la fuerza física o verbal para imponer nuestra voluntad personal, tiene efectos devastadores en el producto.

Existen algunos materiales auxiliares que será necesario aplicar permanente y abundantemente a fin de darle mantenimiento al producto. Estos materiales vienen en forma de palabras y no tienen ningún costo, aunque sí un gran valor: Un 'buenos días' aplicado sobre todos los componentes al despertar es importante; un 'por favor' cuando requiera algo de algún componente ayudará a que lo pueda obtener de una forma más placentera, y una vez que lo reciba, por pequeño que sea, 'te lo agradezco' o simplemente 'gracias'. Y sobre todo, aplicado en el componente más importante, el cónyuge, 'te amo'. Diariamente y en cualquier momento.

Junto con su producto recibirá completamente gratis un laboratorio llamado 'hogar', el lugar ideal para trabajar con su producto. Este laboratorio es desmontable, por lo que podrá llevarlo a cualquier lugar a donde lleve su producto. Dicho de otra manera, donde esté su familia, ahí estará su hogar, no importa si es una choza o un palacio.

Una última advertencia: Cuídese de las imitaciones. Existen otros fabricantes que ofrecen productos que dicen competir con el nuestro y dar el mismo resultado, es decir, gozo y felicidad. 'Placeres', 'Diversión', 'Dinero', 'Fama', 'Poder', son algunos de los productos que ofrecen, mencionando que teniendo estos productos, el nuestro no es indispensable. La verdad es que sin nuestro producto, es decir, sin su familia, su corazón se sentirá hueco en esta vida, y más hueco se sentirá en la eternidad."

Ejercicios de aplicación y reflexión

1. ¿Te gustaría que tu matrimonio durara muchos años? Recuerda: el primer requisito para tener éxito en algo es tener el Deseo (ver mensaje 36).
2. Analiza qué tanto amor, ternura, bondad, comprensión y paciencia existen en tu matrimonio. ¿Qué puedes hacer para desarrollarlos en caso necesario?
3. Desarrolla el hábito de decirle constantemente a tu cónyuge que lo amas.
4. Cuídate de las imitaciones. A veces las adquirimos sin darnos cuenta.

48

Es increíble hasta dónde puede la creatividad del ser humano llevarlo en algunas áreas de su vida. Los grandes inventos, el progreso alcanzado, son evidencias de que, cuando se lo propone, la imaginación del hombre no tiene límites.

Pero por otro lado, es increíble también ver cómo algunos sabotean su progreso, el desarrollo de su persona, poniéndose trabas por obstáculos que muchas veces solo existen en el interior de su cabecita loca.

Y empiezan a decir: "Es que me falta esto, es que necesito lo otro". O "Yo no tengo la suerte que tienen algunos". O la preparación o el físico o las sábanas de seda en las que otros nacieron, y creemos que, por no haber nacido con esas "ventajas", estamos de algún modo limitados en cuanto a lo que podemos aspirar en esta vida.

En este mensaje invito a que dejemos de estar tan atentos a lo que no tenemos, y prestemos mayor atención a lo que sí tenemos, ya que, aunque nos parezca que sea poco, te aseguro que es suficiente para permitirte tener una vida dichosa. Claro, si tienes el valor de luchar por lo que quieres, explotando al máximo lo que Dios y la vida te dieron.

CON TAN SOLO 7 NOTAS

Me pregunto qué estaría pensando Dios cuando inventó la música. Yo me supongo que tal vez dijo algo como: "Me gustaría darle a la humanidad algo que les permita expresar lo que está en su corazón sin utilizar palabras; algo que les levante el ánimo cuando estén tristes; algo que le permita a un hombre decirle a una mujer, de una manera inolvidable, que la ama; algo que llene su mundo de fuerza y alegría". Y entonces inventó la música.

"Pero – me parece seguir escuchando sus pensamientos – yo les daré solo 7 notas. Lo que hagan con ellas, correrá por cuenta de ellos".

Y entonces el hombre primitivo un buen día descubrió que si hacía un orificio en un caracol o en el cuerno de un animal y le soplaba, podía producir un sonido agradable. Luego descubrió que si hacía orificios en un tubo de madera obtenía más variedad de sonidos. Su creatividad lo fue llevando poco a poco a inventar diferentes instrumentos musicales. A través de los años el universo de estos instrumentos se fue multiplicando, así como la capacidad del hombre para "sacarle jugo" a esas 7 notas, combinándolas, jugando con los tiempos, los silencios y los ritmos, tocándolas en diferentes escalas, agudas y graves, y así descubrieron que con esas pocas notas (más dedos tenemos en las manos), podían producir una infinidad de bellos resultados.

Imagínense que el hombre se hubiera puesto a renegar y a reprocharle a Dios y preguntarle por qué no nos había dado más notas ("Oye Señor, ya ni amuelas hombre, ¿cómo que nomás 7 notas? Con eso no la hacemos"). No, no hicieron eso, simplemente tomaron lo que había y lo explotaron el máximo (y lo siguen explotando).

A nivel individual, sin embargo, a veces podemos caer en un tipo de reclamos parecidos a esos que, hablando de la música, nos parecerían absurdos.

A veces podemos sentir que los dones y talentos que nos tocaron son muy pocos e insuficientes para poder lograr nuestras metas y tener éxito en la vida.

Y entonces nos dedicamos a renegar y a reprocharle a Dios y a la vida por qué no nos hizo más guapos, más inteligentes, más delgados, más carismáticos, más ingeniosos. Por qué no nacimos en tal lugar o por qué no tuvimos tales padres o más dinero. Y así nos la podemos pasar por años, cuestionando y renegando de que con lo que nos tocó no la hacemos, perdiendo de esa manera un tiempo precioso, en lugar de tomar lo que tenemos y explotarlo al máximo.

Se cuenta la historia de un hombre que, siendo perseguido por dos ladrones, entró en una cueva, y se escondió en uno de los huecos que había entre las rocas. Cuando los ladrones entraron a la cueva, sospechando que ahí se había escondido el hombre que perseguían, empezaron a revisar todos los huecos tratando de encontrarlo. El hombre escondido, oyendo a los ladrones, empezó a orar a Dios y le pedía: "Señor, por favor mándame un muro que tape este hueco para que no me vean". Mientras así oraba, una arañita empezó a descender por su hilo en la entrada del hueco y a tejer su telaraña. El hombre repetía: "Señor, te pedí un muro, no una telaraña; por favor, mándame un muro, es lo que necesito para librarme de los ladrones". Y la arañita seguía tejiendo su telaraña. Cuando finalmente los ladrones estuvieron frente al hueco donde se escondía el hombre e iban a entrar, uno le dijo al otro: "En este hueco no ha entrado nadie; mira, hasta telarañas tiene la entrada. Vámonos".

A veces nos puede parecer que lo que Dios nos ha dado es solo como un hilito de araña, y nosotros quisiéramos un muro grueso y fuerte, pero ese hilito de araña es exactamente lo que necesitas para lograr lo que estás buscando. Deja ya de estar pidiendo lo que tú crees que te hace falta y ponte a trabajar con lo que Dios te dio, pues Él sabe que eso es todo lo que realmente necesitas.

Con paciencia y creatividad, y con tan solo 7 notas, el hombre fue capaz de crear unas sinfonías impresionantes, repletas de sonidos que llenan nuestro corazón. Te invito a que sigas ese ejemplo, porque con tan solo unos cuantos atributos personales, sí, exactamente los que tienes, con paciencia, creatividad y trabajo, puedes hacer de tu vida una sinfonía maravillosa.

Ejercicios de aplicación y reflexión

1. Haz un inventario de tus cualidades personales. Vamos, sé imaginativo y generoso contigo mismo.
2. Identifica cómo esas cualidades pueden contribuir a que alcances tu proyecto de vida. Sé más creativo todavía en esta parte. Se trata de tu vida. Todo el esfuerzo que realices redundará en beneficio tuyo y de tus seres queridos.
3. Evita la autocompasión como si fuera una plaga. NO TE FALTA NADA. TIENES TODO LO QUE NECESITAS.
4. Celebra tus logros a medida que los vayas obteniendo y úsalos como trampolines para alcanzar los siguientes.
5. Busca inspiración leyendo acerca de la vida de personas que con limitaciones importantes han logrado o están logrando realizarse como seres humanos plenos y felices. Te doy solo 3 ejemplos: Adriana Macías (orgullosamente mexicana), Tony Meléndez y Nick Vujicic.
6. Después de leer sobre la vida de estas personas, te doy permiso de meterte debajo de tu cama, a ver si logras esconderte de la vergüenza que te producirá el haberte compadecido de ti mismo.

49

Este mensaje va de la mano con el anterior. Para poder explotar lo que tenemos, es necesario primero identificarlo con precisión y algo importante: sentirnos orgullosos de lo que tenemos y dejar de compararnos con los demás, porque como dicen, "el pasto en el jardín del vecino siempre se ve más verde". Siempre nos parecerá que lo que los demás tienen es mejor que lo que nosotros tenemos o somos.

Dice en Desiderata: "Si te comparas con los demás te volverás vano y amargado, porque siempre habrá personas más buenas y más malas que tú".

Es cierto. Y por lo general, el compararnos casi siempre nos traerá malas noticias, porque lo habitual en la conducta humana es compararnos con quienes están mejores que nosotros.

Así que lo mejor es romper el hábito. Dejar de compararnos. No necesitamos parecernos a un(a) modelo de televisión, eso no es lo importante. Lo importante viene dentro. Las cualidades de nuestros corazones, nuestras mentes y nuestras almas, eso es todo lo que necesitamos para poder triunfar.

Así, nosotros no seremos ni los más ricos, ni los más guapos, ni los más ingeniosos, ni los más "guau". ¿Y qué?

"YO SOY SALDÍVAR Y TÚ NO"

Denisse, hija de una hermana de mi esposa, me enseñó una poderosa lección cuando tenía cuatro años (actualmente tiene 22).

Estaba ella jugando con una primita de la familia de su papá, ambas de apellido "León". Ya ven cómo son los niños de competitivos, que a veces les gusta presumir de lo que unos y otros tienen o de que sus papás son esto o lo otro. Me imagino que estaban en algún tipo de "competencia" así, y tal vez agotadas ya las "materias de presunción", le dice Denisse a su prima con un tonito burlón: "Pues yo soy Saldívar y tú no-o". Y con eso la mató. La otra niña se fue enojada porque Denisse tenía algo que ella nunca iba a poder tener, sin ponerse a pensar que a la inversa la situación era exactamente igual. Cuando me platicaron la anécdota, pensé: "Vaya manera de sacarle partido a su individualidad". Eso es sacarle jugo a lo que somos y que nos hace diferentes a los demás.

De la mano con explotar al máximo lo que nos tocó, tema del que hablé la semana pasada, está también el de que nos deje de preocupar lo que otros tienen y yo no, ese nocivo hábito de compararnos con los demás y establecer nuestro valor en función de cómo nos vemos respecto a ellos, de manera que nos sentimos bien o mal dependiendo contra quién nos estemos comparando en ese momento. Y la autoestima entonces la traemos como si anduviera en la montaña rusa. Pobrecita la autoestima, no está para esos sobresaltos, no sean ingratos; se puede infartar (la autoestima y usted junto con ella).

Cuando les doy la conferencia de autoestima a mis alumnos, como parte del proyecto de desarrollo humano que manejo en la universidad, empiezo diciéndoles que les tengo que pasar un aviso, y les muestro algunas diapositivas que dicen así: "SE BUSCA – Vivo o muerto (de preferencia muerto). Es un asesino serial, despiadado, con muchas víctimas en su historial. Le gusta hacer sufrir a sus víctimas y luego liquidarlas por completo. Se le conoce como 'El asesino de las autoestimas'. Si alguien lo encuentra en su camino, se le otorga licencia para matarlo. Recompensa para quien lo elimine: Una vida más feliz y una sana autoestima". Este asesino es precisamente el Hábito de la Comparación. Vuelvan a leer el aviso sabiendo ahora de quién se trata y se darán cuenta de lo cierto de cada aseveración.

Cuando tienes este hábito, tu autoestima va a sufrir y finalmente puede quedar totalmente aniquilada, así que aprovecha la licencia que se te otorga, elimina a este criminal de tu vida y obtén la recompensa que se ofrece.

Habrán escuchado la parábola de aquel jardinero que un día llegó y notó que todos los árboles y plantas en su jardín estaban decaídos, casi a punto de marchitarse. Preguntó a los girasoles la causa de su tristeza y le dijeron que era porque no podían ser tan grandes como el roble. Le preguntó lo mismo al roble y éste dijo que era porque él no podía emitir un perfume tan hermoso como el rosal. Preguntó luego al rosal y éste dijo que le dolía mucho no poder dar fruto como el nogal. Y para acabarla de amolar, él tenía espinas. De pronto, en medio de aquel sombrío panorama, el hombre vio algo que le sorprendió. En algún lugar del jardín había una planta de claveles esplendorosa, vibrante, llena de vida y color. Le preguntó cómo era esto posible, cómo es que ella no había sido contagiada por todo el pesimismo que la rodeaba y el clavel le respondió: "He llegado a la conclusión de que si tú hubieras querido un rosal aquí donde estoy, hubieras sembrado un rosal. Si me pusiste aquí, es porque precisamente ésta era la flor que querías para embellecer este lugar, así que estoy tratando de ser clavel de la mejor manera que puedo".

Dios (el jardinero) te ama como eres. Pequeño o grande. Con espinas o sin ellas. Con o sin aroma. Y si te puso aquí fue para que embellecieras tu entorno siendo lo que eres. La valía está en ser, no en parecer, ni en tratar de ser como otros. ¿Qué eres tú que nadie más es? ¿Qué tienes tú que nadie más tiene? Mi sobrina lo descubrió a los 4 años y supo sacarle provecho, así que haz un inventario de ti mismo y sé lo que Dios te mandó a ser, de la mejor manera que puedas.

Ejercicios de aplicación y reflexión

1. Analiza si tienes el hábito de la comparación.
   a. ¿Te descubres frecuentemente "pasando revista" a lo que otros tienen y comparándolo con lo que tú tienes?
   b. ¿Sientes envidia cuando alguien cercano a ti tiene éxito?
   c. ¿Te sientes mal cuando alguien tiene algo que tú no tienes (cosas materiales o atributos personales)?
   d. ¿Sientes tu autoestima como una ola del mar, a veces arriba, a veces abajo?
   e. ¿Tiendes a ser demasiado crítico contigo mismo?
2. Volviendo al tema del martillazo (mensaje no. 21), date un martillazo cada vez que te descubres comparándote con los demás. Cierra tus ojos a lo que otros son o lo que otros tienen.
3. Sustituye el hábito de la comparación con otros hábitos más sanos para ti, por ejemplo, el hábito de hacer cosas que aumenten tus habilidades y capacidades para enfrentar la vida.
4. Compárate solo contra tu propio potencial. Cuando hagas algo pregúntate: "Esto que estoy haciendo, así como lo estoy haciendo, ¿es lo mejor que lo puedo hacer o puedo hacerlo todavía mejor?"
5. Escribe en tu diario lo que consideres que sean las respuestas a estas tres preguntas:
   a. ¿Qué soy yo que nadie más es?
   b. ¿Qué tengo yo que nadie más tiene?
   c. ¿Qué me gusta y sé hacer y cómo lo puedo aprovechar para desarrollarme plenamente como ser humano?
6. Asegúrate que las respuestas a esas preguntas se reflejen en tu proyecto de vida.

50

Ahora bien, continuando el hilo de los dos últimos mensajes, una vez que nos hemos dado cuenta de que tenemos lo que necesitamos y de que no necesitamos parecernos a nadie más, sino ser lo que somos, sigue un paso primordial y no menos difícil: vencer nuestros miedos.

A mis alumnos les explico que ese timón de la nave de nuestra vida, que no debería ser manejado más que por nosotros mismos, a veces lo cedemos a alguien o a algo más, y dentro de esos "algo", un ejemplo típico es el miedo.

Nuestros miedos son los que muchas veces determinan lo que puedo y no puedo hacer, y por lo tanto, son ellos los que, en ese caso, determinan el rumbo de nuestra nave, de nuestra vida.

Miedo a expresar una opinión, a hablar en público, a acercarse a las personas, a emprender algo, son ejemplos de los muchos miedos que atenazan a las personas (las detienen como con tenazas) y les roban oportunidades que, de no ser así, aprovecharían para su beneficio, progreso y crecimiento personal.

Y como en otras cosas, el origen de esos miedos está generalmente solo en nuestra cabecita. Como bien lo expresó Mark Twain: "En mi vida he tenido muchos problemas, la mayoría de los cuales nunca ocurrieron".

En nuestra cabecita está también la capacidad de desterrar nuestros miedos. La decisión está en ti.

M.I.E.D.O.

Todos hemos sentido los síntomas alguna vez: Sudoración en las manos, ansiedad, angustia, deseos de salir huyendo, piernas como de gelatina. Cuando estamos ante esos síntomas, no hay duda, su majestad el miedo ha hecho su aparición.

Y es éste un monarca que tiene muchos súbditos. Hay mucha gente que se doblega ante él y se priva de hacer muchas cosas porque su alteza el miedo no le da permiso de hacerlas. Pero ¿de dónde viene el miedo? ¿Cómo es que a veces lo dejamos alojarse en las mejores habitaciones de nuestro corazón y mandamos a nuestros sueños al cuarto de servicio? (si bien les va a los sueños; si no, a veces los desterramos porque al miedo no le gusta convivir con ellos).

Para explicar a mis alumnos lo que es el miedo, hago un acróstico con las letras de esa palabra, las escribo hacia abajo y utilizándolas como siglas, les enseño que el miedo no es más que: Muchas Ideas Erróneas Destruyendo Oportunidades.

Lo que sucede con el miedo, es que nuestra cabecita loca se llena de ideas espantosas de que va a ocurrir lo peor, de que si me atrevo a hacer algo voy a fracasar, voy a quedar en ridículo y un montón de etcéteras que el miedo mete en nuestra cabeza. Y esas ideas erróneas, que no existen más que en nuestro cerebro, nos roban la oportunidad de lograr cosas que valen la pena.

Así que, les digo a ellos y les digo a ustedes: Dense el permiso de hacer cosas que no se creían capaces de hacer.

En una ocasión, dando un curso de hablar en público a un grupo de maestros y personal de la Universidad Autónoma de Nuevo León, les puse una dinámica en donde tenían que pasar al frente a dirigir un mensaje a un público determinado. Había una señorita, asistente de un departamento, que se veía que tenía, no miedo, PÁNICO a hablar en público. Cuando le tocó el turno pensé que se iba a desmayar. Empezó a hablar y le temblaba la voz, pero a fuerza de animarla y desafiarla, fue tomando confianza y al final ya estaba ella bien "prendida", hablando con firmeza y gesticulando para dar más énfasis a sus palabras. Cuando todos hubieron pasado les pregunté: "¿Qué aprendieron de esta dinámica?". Se levanta esta señorita y me dice: "Yo aprendí que NO PASA NADA". Exactamente, le dije, cuando nos damos el permiso de hacer cosas que no nos creíamos capaces de hacer, vamos a descubrir que no pasa nada. Nada de lo espantoso que creíamos que pasaría.

Así que la próxima vez que quieras hacer un nuevo amigo, dar una opinión, cantar en público o cualquier cosa que hasta ahora tu miedo no te lo permitía, simplemente HAZLO. Date el permiso. Tus miedos no le sirven al mundo. Y mucho menos a ti.

Muchos de esos miedos surgieron por algo que ocurrió en un pasado que hace mucho quedó atrás, pero el miedo se quedó ahí, alojado en tu cerebro. Por ejemplo, a lo mejor en la primaria intentaste decir una poesía al frente del salón, empezaste muy bien, a media poesía se te olvidó, los demás niños se rieron de ti y te fuiste a tu lugar sintiéndote profundamente herido y humillado. El miedo a hablar en público se instaló en tu corazón en ese momento y ahí se quedó anclado, "atorado", aunque la causa hace mucho que se olvidó. Y hoy en día tienes 20 o 30 años y te sigue dando miedo hablar en público, porque cada que intentas hacerlo, aflora ese niño herido gritándote que no lo hagas porque no quiere sentirse lastimado otra vez. Y eres entonces como los elefantes del circo, que con una fuerza descomunal, no son capaces de librarse del grillete y la estaca a la que están atados porque éste les fue puesto desde pequeños, cuando no tenían la fuerza suficiente, y su cerebro se convenció de que era inútil luchar contra esa atadura.

Dicen que el valiente vive hasta que el cobarde quiere. Así que el miedo seguirá viviendo en tu corazón hasta que tu cobardía sea capaz de enfrentarlo (darle la cara) y confrontarlo (retarlo).

Ya casi no hay monarquías en este mundo. No permitas que el miedo, ese tirano, se convierta en el soberano de tu vida. Te invito a que, para ti, las letras de esa palabreja tengan otro significado y representen en tu vida lo siguiente: Monarca Inútil Expulsado, Doblegado y Olvidado.

Ejercicios de aplicación y reflexión

1. El primer paso para encarar tus miedos es conocerlos. Haz en tu diario una lista de aquellas cosas que te lo provocan. Anota como título: "Cosas que me da miedo hacer". Ojalá te alcance el espacio con un solo diario.
2. Ahora, para cada cosa que hayas anotado, escribe porqué te da miedo hacerla. Qué es lo que piensas que puede pasar en el peor de los escenarios.
3. Identifica, de esto último, cuáles podrían considerarse temores irracionales, es decir, que realmente la probabilidad de que ocurran es muy remota. A estas cosas dales "delete" en tu cerebro. No vale la pena que inviertas tiempo en ellas. Son irracionales.
4. De los temores que puedan tener fundamento (por ejemplo, que se te olvide algún discurso al hablar en público), identifica qué medidas puedes tomar para minimizar esa probabilidad (repasar varias veces tu discurso, practicarlo ante algunas personas, etc.).
5. Haz una lista de todas las cosas buenas que podrías obtener si te atrevieras a vencer tu miedo. Eso te puede ayudar a obtener el valor de enfrentarlo.
6. Visualízate actuando y viviendo como si ya hubieras vencido tus miedos.

51

Cualquier coche necesita combustible para poder funcionar y disfrutarse. Tener en la cochera un vehículo sin combustible no es muy diferente de no tenerlo.

Nuestra vida no es muy diferente, en el sentido de que también necesita combustible para poder disfrutarse.

En este mensaje hablo de tres cosas que representan un gran combustible para la vida: Magia, sueños e ilusión.

Hablo de no perder al niño que llevamos dentro, y si lo hemos perdido, buscarlo hasta reencontrarlo.

Porque una vida sin magia, sueños ni ilusión, es como un coche sin combustible. Simplemente, no se disfruta igual.

¿A DÓNDE SE FUE EL CIRCO?

Toda mi niñez viví a media cuadra de la entonces así llamada "Casa del Campesino" en la colonia Altamira de esta ciudad.

A ese lugar era donde llegaban los circos. Recuerdo que tan pronto veíamos que se iban a empezar a instalar, corríamos mi amigo Erwin Luebbert y yo a ver en qué ayudábamos o a llevarles agua para que nos dieran pases para entrar. Y luego venía la emoción de ver cómo salía de ahí el desfile con todos los artistas y animales circenses.

En las noches me dormía escuchando el rugido de los leones y soñaba que era un intrépido aventurero en la selva. Por las tardes me gustaba ir a sentarme en la barda de ese terreno y observar el movimiento de la gente del circo. Veía a Renato "El Rey de los Payasos" del circo Atayde y lo saludaba desde la barda. Veía al domador, que para mí era una especie de superhéroe, fuerte y valiente, e imaginaba que yo también dominaba fieras salvajes, aunque lo más cercano a eso que tenía para practicar eran "La Cacha" y "La Canela", mis perritas falderas (no se preocupen, nunca las agarré a latigazos; cuando mucho tal vez les grité algunas órdenes "enfrentándolas" con una silla en la mano, como veía que hacía el domador. Y mis perritas viéndome con cara de "¿qué le pasa a este loco?").

El circo para mí, como para todos los niños, significaba magia, sueños, ilusión.

Recuerdo que en alguna ocasión llegué del kinder y fui corriendo a buscar a mis "amigos" del circo, pero éste ya se había ido. Tal vez pensaba que el circo estaría siempre ahí, así que regresé un poco triste a casa y le pregunté a mi madre: "Mamá, ¿a dónde se fue el circo?" y ella me dijo: "No lo sé hijito, pero volverá, no te preocupes." Y sí, siempre volvía, con su maravilloso paquete de sueños, a seguir alegrando mi vida infantil.

Hoy soy adulto, pero no he olvidado la alegría que provoca el tener magia, sueños e ilusión en nuestro corazón. Hace mucho que no he visto al mago sacar un conejo de su sombrero, pero todos los días veo la magia cuando amanece un nuevo día. Ya no sueño con ser un intrépido aventurero en la selva, pero sueño con proyectos igualmente emocionantes en los que estoy trabajando para realizarlos. Mi ilusión ya no radica en la esperanza de que el circo volverá, sino en la esperanza de alcanzar mis metas.

En la película de "Mi encuentro conmigo", el hombre de 40 años se topa un buen día con el niño que él fue cuando tenía 10 años. Al principio, el hombre pensaba que el niño había venido porque éste necesitaba su ayuda, pero al final se da cuenta que era al revés, el niño había venido para ayudarle el hombre a recuperar sus sueños. El niño soñaba con ser un piloto de avión y tener una familia (incluyendo un perro). El hombre era un soltero cínico y amargado, asesor de imagen. En una escena que me encanta de la película, entran los dos a la casa del hombre y el niño empieza a gritar: "¡Chester, Chester!", llamando a "su perro" hasta que el hombre le dice que no tiene uno. Le pregunta por "su esposa" y el hombre le aclara que es soltero. El niño le dice entonces: "¿Cómo? ¿Tengo cuarenta años, no soy piloto, no estoy casado y no tengo un perro?" Se deja caer en un sillón y dice: "SOY UN LOOSER!!".

La pregunta es: ¿Qué le dirás al niño o a la niña que alguna vez fuiste cuando se presente ante ti y te pregunte "a dónde se fue el circo en tu vida"? "¿A dónde se fue la magia, los sueños, la ilusión?" Ojalá puedas responderle que ahí siguen y que si alguna vez se fueron, regresaron, como los viejos circos de mi infancia.

Pero si acaso al intentar responder descubres que hace mucho no los ves, pídele ayuda urgente a ese niño, pídele que te ayude a recuperarlos, porque como un faro en el mar, esos sueños son los que nos guían para seguir adelante. Esos sueños nos ayudan a descubrir la magia en los detalles más simples de la vida. Esos sueños le dan a nuestro corazón una ilusión, y entonces gozamos la vida como niños. Como niños ante un circo. Ese maravilloso circo de varias pistas que es la vida.

Ejercicios de aplicación y reflexión

1. ¿En qué proyectos que te entusiasman estás trabajando actualmente?
2. ¿Qué cosas tienes la ilusión de lograr?
3. Si no pudiste responder a las preguntas anteriores, recuerda esta frase: "La vejez llega cuando vivimos más de los recuerdos que de los proyectos".
4. Nuevamente, ¿en qué proyectos que te entusiasmen podrías empezar a trabajar a partir de hoy?
5. ¿Qué cosas podrían traer la ilusión a tu vida?
6. Anota en tu diario las respuestas a las dos últimas preguntas y toma la decisión de luchas por ellas.

52

Con este mensaje, llegamos al final de este libro.

Espero hayas podido encontrar en él algo que te pueda servir para vivir mejor tu vida, más feliz, más en paz contigo mismo y con Dios.

Pero como todo, la única manera de aprender algo es lanzarnos a practicarlo. La única manera de conseguir algo es luchar por ello.

Así que en este último mensaje te invito (una vez más) a dejar la teoría y pasar a la práctica, pasar a la acción.

Solo entonces lograrás darle un giro a tu vida y crear las condiciones para tu felicidad, ese escurridizo concepto que todos buscamos, pero no todos alcanzamos.

Te deseo por siempre una vida feliz, una vida dichosa.

FINALMENTE, LEVAR ANCLAS

Posiblemente habrán notado que mis últimas cuatro columnas describen una especie de "proceso" que puede (debería) ocurrir en la vida de las personas.

Primeramente, descubrir que se nos ha dado exactamente lo que necesitamos para lograr tener éxito y ser felices. Después, dejar de compararnos con los demás y concentrarnos en aquello que nos hace únicos. Sigue entonces vencer nuestros miedos, aquellas cosas que nos paralizan para ir tras lo que deseamos.

Y por último, recuperar nuestros sueños o definir aquello que me entusiasma o me apasiona y que, al ir tras ello, le daría un profundo sentido a mi existencia.

Si hemos completado este proceso, el barco está listo para zarpar al océano de la vida en plenitud y, como Colón, descubrir nuevos mundos llenos de tesoros para el corazón.

¿Qué nos falta solamente? Dar el paso final, es decir, levar anclas y adentrarnos a la mar con toda la fe de que, al luchar, Dios y la vida nos ayudarán a alcanzar el destino que buscamos.

Parece fácil, pero a veces éste puede ser el paso más difícil. A veces hacemos planes y diseñamos estrategias, pero nunca nos atrevemos a pasar de la planeación a la acción. Se requiere audacia y se requiere fe. Colón no sabía si lo que él asumía era correcto, pero tenía audacia y tenía fe, y eso le ayudó a vencer el miedo de caer en ese horrible precipicio que la gente creía que había al terminar el mar. Así que levó anclas, con el feliz resultado que ya conocemos.

Entonces, no esperemos a querer tener todas las respuestas en la mano. Muchas veces tendremos que dar algunos pasos en la oscuridad antes de empezar a ver la luz.

Cuando los judíos estaban ya para llegar a la tierra prometida, uno de los últimos obstáculos era cruzar el Jordán, un río caudaloso. Dios les dio la instrucción de que los sacerdotes que llevaban el arca de la alianza se empezaran a introducir al agua. Solo después de que hubieron hecho esto, las aguas del río se abrieron y todos pudieron pasar en seco. Seguramente a los sacerdotes les dio miedo tener que meterse al agua sin saber lo que iba a pasar. Si por ellos fuera, seguramente hubieran pedido que primero se abriera el río para después pasar. Nuestra naturaleza es así. A veces quisiéramos primero tener la seguridad, para después "aventarnos". Pero Dios no actúa así. Él, primero pone a prueba nuestra fe. Él, primero quiere ver qué tanto creemos en nosotros mismos y hasta dónde estamos dispuestos a llegar, para ver si somos dignos de obtener la recompensa que buscamos. Solo entonces, Él entra en acción y completa el milagro.

Constantemente les repito a mis alumnos esta frase: "Los barcos en el puerto están seguros, pero no se hicieron para eso".

Si ustedes quieren quedarse anclados en el puerto, efectivamente, nunca correrán ningún peligro, nunca saldrán lastimados, nunca correrán un riesgo, nunca perderán. Estarán seguros. Pero no fueron hechos para eso. Fueron hechos para levar anclas y adentrarse a la mar, enfrentar las tormentas y los peligros, para que puedan saber todo lo que son capaces de hacer y de alcanzar. Y a final de cuentas, no hay mayor peligro en la vida, que nunca arriesgarse a nada.

Así que, como dice Sean Covey en Los 7 Hábitos, deja de esperar la perfección, la inspiración, tener permiso, que te den el visto bueno, que alguien cambie, que aparezca la persona ideal, un horóscopo más favorable, que cambie el gobierno, que gane López Obrador (eso no lo dice Covey), que desaparezcan los peligros, que desaparezcan los temores, que alguien te descubra, el resto de las instrucciones, que el león se acueste con el cordero, un lápiz con punta...EMPIEZA YA! Leva anclas y lánzate a perseguir tus sueños. Arriésgate y lucha, para que puedas alcanzar el éxito y disfrutar de la felicidad que mereces.

Una de las mejores definiciones de éxito que he leído es la siguiente: "El éxito es despertar por la mañana, quien quiera que seas, donde quiera que estés, joven o viejo, y saltar de la cama porque hay algo que te gusta hacer, en lo que crees, para lo que eres bueno. Algo que es más grande que tú y que difícilmente puedes esperar para retomarlo hoy". De todo corazón te deseo que alcances esa clase de éxito, porque es entonces, solo entonces, cuando la vida vale la pena.

Ejercicios de aplicación y reflexión

1. Define qué es lo último que te detiene para lanzarte a lograr tus metas, tu proyecto de vida.
2. Respira hondo, ten fe, y "aviéntate".
3. Ya no hay más instrucciones. El resto depende de ti.

Una palabra final

Thomas Moore, poeta irlandés del siglo XIX, escribió un libro llamado *El reencantamiento de la vida cotidiana.*

Además de lo que mencionaba en la introducción de este libro, esto es parte de lo que he buscado con mis mensajes en la botella, que nos volvamos a enamorar de las cosas de la vida cotidiana. Que recuperemos esa sensación de maravillarnos con las cosas que vivimos día a día, tal como nos ocurría cuando éramos niños pequeños.

El extasiarnos con un amanecer, el sentir gratitud por un amigo, por un hermano. El valorar a nuestros padres y reconocer el legado que nos han dejado. El saber que la lucha cotidiana y la perseverancia invariablemente dejan buenos frutos. El pensar que podemos dejar una huella para que otros la sigan.

Todas estas cosas nos pueden ayudar a recordar que no necesitamos ser una estrella de Hollywood o una celebridad para vivir una vida maravillosa, maravillosa de verdad y no de oropel como a veces pasa con esas personas.

Espero haber logrado mi propósito. Seguiré enviando mensajes en una botella mientras Dios me preste vida, así que si alguna vez te asomas al océano de la vida y ves algo parecido a la imagen de la siguiente página, tómate un tiempo para desenrollar el mensaje y leerlo. Tal vez sea algo que te pueda ayudar a reencontrar o aumentar el gozo por vivir la vida cotidiana, tu vida cotidiana.

Hasta entonces.

Tu amigo,

Jesús Tárrega Guerrero
Desde mi pequeña isla en Reynosa, Tamaulipas.

Me encantaría saber de ti. Si tienes algún comentario respecto al libro, si hay algún mensaje que te haya tocado de manera especial, si tienes alguna experiencia al haber aplicado alguno de los principios sugeridos, escríbeme al correo jesus_tarrega@yahoo.com.mx y déjamelo saber.

Será un placer conocerte al menos por este medio y saber de personas que coincidimos en la forma de ver la vida, este extraordinario regalo que Dios nos dio.

JTG